Oliver Kohler

Unsere Liebe soll nicht traurig sein

Oliver Kohler

UNSERE **LIEBE SOLL NICHT TRAURIG** SEIN

Ein Kriegskind
auf Spurensuche

adeo

Ein Vater, Kriegskind des Ersten Weltkriegs, und sein Sohn, Kriegskind des Zweiten Weltkriegs, suchen Spuren. Die inneren Monologe schrieb ihr Enkel bzw. Sohn.

Inhalt

Letzter Tag, erster

Es gibt Tage, die alles verändern.

Nichts ist mehr, wie es einmal war.

Alles Kommende steht im Zeichen dieses Tages.

Jahre können ihn vorbereitet haben: Tägliches Üben, dann wird der Musikwettbewerb gewonnen. Eine kometenhafte Karriere kann beginnen.

Akribische Recherchen, exakte Planungen, die sensible Auswahl der Beteiligten: Die Expedition reift heran. Dann weht das Fähnlein am Südpol. Dieser Ruhm wird nie verblassen.

Manchmal ereignet sich das Verändernde ohne Vorbereitung, Vorlauf und Vorwarnung. Der Tod wählt sich ein Datum aus.

Von einem solchen Tag erzählt dieses Buch. Zwei Menschen treffen sich an ihm. Sie kennen sich, seit der Jüngere zur Welt kam. Einer von beiden wird sterben, der andere lebt weiter. Wenige Meter nur trennen sie voneinander. Sie sind Vater und Sohn. Der 28. Januar 1945 ist nur noch vier Monate von der Kapitulation Deutschlands entfernt. Aus dem Verbrechen des Angriffs ist längst die Katastrophe sinnloser Verteidigung geworden. Ein skrupelloser Zugriff auf immer jüngere Hilfssoldaten erlaubt letzte, verheerende Zuckungen. Man holt Jugendliche von der Schulbank und zwingt sie, monströse Waffen zu bedienen.

An diesem Tag kreuzen sich zwei Wege. Der Vater kommt aus einem Inferno und ist für ein weiteres eingeteilt. Der Sohn lernt statt lateinischer Vokabeln die Flugbahnen britischer Bomber. Der eine ist ein leidenschaftlicher Maler. Der andere will genau das werden. Der eine hat eine Frau im Exil und vier Kinder. Der andere verliebt sich gerne. Der eine liest viel, nicht zuletzt die Bibel. Der andere auch.

Der letzte Tag des einen wird der erste für seinen Sohn. Fortan wird er bei Tag und Nacht danach fragen und suchen, ob es wirklich stimmt: Ist die Liebe stärker als der Tod?

Zuerst erzählt der Vater, dann der Sohn. Worte verwehen. Spuren aber bleiben.

Strassenbild

Auf dem Karren ein Sarg.
An der Deichsel ein Kind.

Heiner Müller

Eine Mutter und ihr Sohn berichten

Mitteltal, den 10. Februar 1945

Die Linien des Lebens sind verschieden,
Wie Wege sind, und wie der Berge Grenzen,
Was hier wir sind, kann dort ein Gott ergänzen
Mit Harmonien und ewigem Lohn und Frieden.

Friedrich Hölderlin

Allen Freunden und lieben Menschen, die meinem Mann, dem geliebten Vater seiner Kinder und treuen Bruder seiner Geschwister Leutnant Walter Kohler, Kunstmaler, nahestanden und besonders seine Kunst liebten und schätzten, möchte ich versuchen, einen kleinen Rückblick über die letzten Monate und Stunden seines Lebens zu geben.

Mitte Juli 44 kehrte mein Mann überraschend aus den schweren Kämpfen – Nettuno, Aprilia und den Rückzugsgefechten über Rom hinauf bis nach Perugia und Arezzo – zurück. Er wurde vor Nettuno durch einen Granatsplitter an der Schulter verwundet, konnte aber nicht aus den Kämpfen herausgezogen werden, da es an Offizieren sehr mangelte. Er führte einen Granatwerferzug noch acht Tage und war dann lange Zeit Adjutant seines Bataillonskommandeurs. In dieser Zeit wurde ihm auch das Eiserne Kreuz

2. Klasse verliehen. Von seiner Division wurde er dann in die Heimat zu einem Fahnenjunker-Lehrgang befohlen. Bei seinem Ersatztruppenteil in Stuttgart musste er noch eine Fahrschule (14 Tage) mitmachen. Während dieser Zeit kamen die schweren Angriffe (Ende Juli) auf Stuttgart. Beim ersten dieser Angriffe wurde unser Heim total zerstört, beim zweiten sein Atelier.

Die Stunde ist mir unvergesslich, da mein Mann in den Trümmern seiner Arbeitsstätte stand und nichts mehr, wirklich nichts mehr, als nur zwei kleine Blättchen verkohlt aus einer uralten Bibel – die Heilung des Blinden und die schlafenden Jünger am Ölberg – fand. Kein Wort der Klage kam über seine Lippen.

Kurz darauf musste er zu dem Fahnenjunker-Lehrgang nach Berlin. Sein Dienst dort war sehr anstrengend – aber er traf auch dort, wie immer, wo er gewesen war, gute Kameraden. Mit Karl Storch, einem Studienrat der Neuphilologie, verstand er sich aus einer inneren Geistesverwandtschaft heraus besonders gut. Dies führte in den Monaten ihres Beisammenseins zu einer Freundschaft.

Aus den Briefen, die mir mein Mann in den letzten Monaten schrieb, leuchten eine große geistige Klarheit und tiefe innere Gläubigkeit, die wusste, dass das Licht in diesem Dunkel des großen Kriegsgeschehens siegen muss, und dass alles, was ist und sein wird – auch für sein Leben –, mit Gottes Willen geschieht.

Am Samstag vor dem Heiligen Abend kam er mit seinem Freund Storch überraschend für drei Tage in Urlaub. Dieser stammt aus Achern in Baden. Auch er ist durch die Luftangriffe total geschädigt. Seine Familie ist in unsere Gegend hier im Schwarzwald evakuiert.

Für uns waren diese drei Weihnachtstage unendlich schön. Die ganze Familie war beieinander, da auch Wolf-Dieter von der Flak Urlaub bekam. Diese Zeit war für uns wie ein Wundertraum.

Über Stuttgart fuhr mein Mann dann am 28. Dezember 44 mit seinem Kameraden Storch nach Liegnitz in Schlesien zu einem weiteren Lehrgang. Im Osten drohte damals schon die Gefahr, und als diese mit solch überraschender Wucht über Schlesien einbrach und die Post ausblieb, war in uns die bange Sorge und Frage, ob unser Vater schon dort eingesetzt war. Sein letzter Brief aus Liegnitz machte diese Sorge fast zur Gewissheit. Darin schrieb er: „… mache dir keinen Kummer und keine Sorgen, überall sind wir alle – du und die Kinder und ich – in Gottes Vaterhand, und es wird uns nichts geschehen, als was er über uns beschlossen hat und was uns nützlich ist. Es ist dies mein einziger Halt und mein fester Glaube und ich wünsche dir und den Kindern auch diesen Halt, aus dem eine ungeheure Kraft fließt. Es ist heute mehr denn je die Zeit unserer Bewährung, in der wir in der Welt zeugen sollen, ob wir an dem, was wir in guten Zeiten als die Wahrheit erkannten, auch jetzt festhalten und darnach leben. Es ist eigentlich so, dass wir gerade jetzt fröhliche Menschen sein sollten, denn die Freude und die Gewissheit von der göttlichen Gnade sollten alles irdische Geschehen überschatten, bei uns, den Wissenden von der frohen Botschaft des Engels von Bethlehem."

In der Zeit vom 13. bis zum 27. Januar hatte Wolf-Dieter von der Flak seinen Jahres-Erholungsurlaub. In der Nacht vom 24. auf den 25. Januar wurden wir angerufen. Wer war am Apparat? Zu unserem größten Erstaunen und zu unserer größten Freude unser Vater. Wie haben wir aufgeatmet, ihn im Lande und in der Nähe zu wissen. Der Einsatzbefehl an die Ostfront war schon gegeben und in letzter Minute wurden mein Mann, sein Freund Storch und noch acht andere Kameraden nach Stuttgart in die Flandernkaserne abkommandiert. Unbeschreibliches Leid, Not und Tod hatten sie noch unterwegs gesehen. … Sie mussten erst am anderen Morgen nach ihrer Ankunft in Stuttgart in ihrer Kaserne sein und so fuhr mein Mann mit seinem Freund nach Oberboihingen zu seiner Schwester Else und ihrem Mann Richard Widmann im dortigen Pfarrhaus. Über diese Stunden schrieb er mir: „Das war ein herrlicher Abend und eine schöne Nacht für uns. Wir hörten Bach, Händel, Mozart und Schubert. Es war wunderbar schön und wir Ausgehungerten lechzten nach diesen Klängen der schönen und großen Musik. Es war diese Nacht für uns ein großes Geschenk." Und unsere Geschwister erzählten, dass sie am Morgen gegen vier Uhr noch das Lied sangen:

Herzlich tut mich verlangen nach einem sel'gen End,
weil ich hier bin umfangen mit Trübsal und Elend.
Ich hab Lust abzuscheiden von dieser argen Welt,
sehn mich nach ew'gen Freuden; o Jesu, komm nur bald.

... und wären dann still auseinandergegangen.

Früh am andern Tag fuhren sie nach Stuttgart in die Kaserne. Jeder Urlaub war gesperrt, so konnten wir uns nicht mehr sehen, und wir wussten auch, dass es nur für kurze Zeit war, dieses Aufatmen, denn der Einsatzbefehl an die Front stand bevor.

Am Samstag, den 27. Januar, fuhr Wolf-Dieter in seine Flakstellung, die zwischen Zuffenhausen und Kornwestheim liegt, zurück.

Nun versucht mein ältester Sohn Wolf-Dieter von den letzten Stunden mit seinem Vater zu berichten:

Den Nachmittag desselben Tages verbrachte mein Vater bei mir in der Stellung. Die Freude bei Vater und Sohn war groß. Ich musste ihm viel von daheim erzählen und von den Tagen mit den Lieben zusammen, da er ja seit seinem letzten Scheiden an Weihnachten keine Post mehr von uns bekommen hatte. Auch zeigte ich ihm eine von den Arbeiten, die ich in meinen Ferien gemalt hatte. Es war eine Aquarell-Schneelandschaft. Eine Stunde saß mein Vater vor dem Bild und schaute mit seinen prüfenden Maleraugen, ehe er Kritik übte.

Dabei sagte er: Ich weiß gar nicht, ob ich überhaupt noch malen kann. Am Abend erzählte er mir und meinen Kameraden in trauter Runde über seine Erlebnisse in Italien und wie oft er dort dem Tode ins Auge geschaut. Sein Erzählen hinterließ bei uns allen einen starken Eindruck. Beim Abschied versprach er mir am nächsten Tag – Sonntag – mit unserem Freund Storch wiederzukommen.

Sonntag – am frühen Nachmittag –, ich war eben beim Geschirrabtrocknen, kam er. Mit dem Ruf „Au mein Vater" stürmte ich ihm entgegen. Wir saßen dann Pfeife rauchend in unserer Bude und studierten miteinander Kunstzeitschriften. Vater sagte dabei, dass er heute einen kritischen Tag hätte, und so war sein Urteil scharf und interessant. Wir streiften die niederländische Malerei und da saßen wir lange vor einem Rembrandt, einem Porträt der Henrike Stoffels. Ich glaube, es waren alle Meister der vergangenen Jahrhunderte vertreten. Wir bewunderten sie und Vater gab seine technischen oder halb philosophischen Erklärungen dazu. Für mich waren diese Gespräche über die geschauten Bilder sehr lehrreich. Beim Kaffee gab es Mutters Gugelhupf, den ich aus Mitteltal mitgebracht hatte. Karl Storch kam nun auch dazu und so waren wir ein fröhliches Soldatenkleeblatt. Bei einem dreitägigen Aufenthalt in Berlin auf der Reise an die Ostsee an der dänischen Grenze zu einem Marinelehrgang hatte ich ja den Freund meines Vaters Karl Storch kennengelernt.

Für den Abend von acht bis neun Uhr hatte sich Karl Storch für einen Vortrag über englische Geschichte bei uns Luftwaffenhelfern verpflichtet. Vorher aber wollten wir uns noch stärken und gingen in der Dämmerung zu diesem Zweck nach Korntal. Auf dem Wege machten wir noch eine lustige Schneeballschlacht. Dort haben wir dann zu Nacht gegessen. Nach Tisch, unter dem Rauch unserer Pfeifen, führten wir sehr, sehr ernste Gespräche, die ich im Einzelnen in mich aufgenommen und verstanden habe, aber selbst noch nicht die Ausdruckskraft habe, dieselben Gedanken in Worte zu fassen. Diese Gespräche begleiteten uns auch ein großes Stück zurück in die Stellung. Ich habe noch einiges aus dem Urlaub und dem Schwarzwald erzählt, den diese beiden Männer so sehr liebten. Den Schluss des Weges hat uns eine große Stille erfüllt. Beim Betreten der Stellung wurden wir jäh aus der Stille durch das Heulen der Sirenen aufgeschreckt. Es war kurz vor acht Uhr.

Ich ging an mein Geschütz. Mein Vater und Karl Storch wärmten sich in meiner Bude und Storch bereitete sich auf seinen Vortrag vor, während Vater schweigend seine Pfeife rauchte. Kurz darauf erfolgte Entwarnung. Wie wir aber gerade auf dem Wege zur Baracke waren, in der der Vortrag stattfinden sollte, kam wieder Voralarm. Wir mussten wieder an die Geschütze und die beiden gingen zurück in meine Bude. Draußen war es still. Fliegeralarm! Die Flugzeuge waren schon da. Ich kam noch einmal in die Bude, um Holzrohrschaftstiefel anzuziehen. Ich sah sie ganz still sitzen und sich an der Wärme freuen. Als ich wieder herauskam, standen über Kornwestheim die Kaskaden. Ich rannte wieder weg vom Geschütz, es sind ja nur ein paar Schritte, und sagte es den beiden. Ich ging wieder an das Geschütz und Vater und Karl Storch kamen, nachdem sie ihren Mantel angezogen hatten, zu mir ans Geschütz. Die Bomben fielen auf Kornwestheim. Wir aber spürten nichts weiter davon. Nach einer kleinen Weile sagten beide, dass es ihnen da draußen zu kalt wäre und sie sich wieder an den warmen Ofen setzten.

Das Nächste, was nun folgt, geschah in einigen Minuten.

Es war ungefähr 20.18 Uhr. Die motorischen Geräusche der Flieger wurden stärker, Bombeneinschläge kamen näher. Ich rannte wieder weg vom Geschütz, aber die beiden waren schon aus der Barackentür getreten und standen, die Hände in der Manteltasche, da. Kurze Worte wurden gewechselt, es handelte sich um die Deckung. Zu mir an das Geschütz wollten sie nicht und so gingen sie in die ungefähr zehn Meter von meinem Geschütz entfernte, drei Meter tief versenkte Baracke, unseren Gefechtsstand, wo noch einer meiner Kameraden, ein Luftwaffenhelfer, an der Gefechtsleitung saß. Als die Einschläge der Bomben ziemlich in unserer Nähe waren, ging dieser Luftwaffenhelfer vom Telefon weg und stand oder lag kurze Zeit neben den beiden, die sich in den Deckungsgraben neben der Baracke gelegt hatten. Der Kamerad versuchte immer wieder, zu uns an das Geschütz zu kommen. Es gelang ihm auch. Wie er wegsprang, sagte Vater noch: „Jetzt hat es doch keinen Wert mehr."

Den Kameraden aber rissen wir noch von dem Geschützwall herunter, als nun die erste Bombe dieses Bombenteppichs auf unsere Stellung ging. Es war die erste Bombe 15 Meter vor meinem Geschütz, die zweite 4 Meter neben diesem. Sie deckte uns halb zu mit Dreck. Die dritte Bombe traf dann mit einem Volltreffer Vater und Karl Storch zehn Meter von mir entfernt. Die beiden anderen Bomben fielen kurz vor und hinter das andere Geschütz. Nach diesen Einschlägen rannte ich aus dem Geschützstand, um nach Vater und Karl Storch zu sehen. Ich kam an die Stelle, wo sie gelegen, und ein tiefer, dunkler Trichter gähnte mir entgegen.

Die folgenden Sekunden und Minuten zu erzählen, ist sehr schwer, und ich glaube, dass sie ein Mensch erst selbst erleben muss, um diese Gefühle, dieses Erschrecken und die Wirklichkeit zu erfassen. Ich habe nach meinem Vater geschrien, so wie ein Mensch schreit, wenn er nach seinem Liebsten schreit. Aber es war still – es war so still, dass ich die Einschläge der Bomben und das Flakfeuer und das Getön der Flieger gar nicht mehr hörte. Ich stand über dem ganzen Angriff an dem Trichter und zweimal noch wehten mich die in der Nähe detonierenden Bomben auf die Erde, aber ich stand, um das Entsetzliche zu fassen.

Nachdem der Angriff zu Ende war, machten wir uns alle daran, nach Vater und Karl Storch zu graben. Auch darüber zu schreiben ist mir unmöglich. Nach zwei Stunden erfolgte ein neuer Angriff und wir rannten wieder an die Geschütze. Die Kaskaden standen wieder über uns und die Bomben fielen wieder in unserer Nähe. Wie auch diese Angriffsminuten vorüber waren, gingen wir wieder daran, nach ihnen zu suchen. Nach sechs Stunden erst fanden wir Karl Storch. Es hat ihm die Lunge zerrissen und er war sofort tot. Noch zwei Stunden später fanden wir dann auch meinen Vater. Ihm hat es den Schädel zertrümmert und gleichfalls die Lunge zerrissen. Auch er war sofort tot. Seine Augen waren fest geschlossen – tot – mein Vater – mein bester Freund.

Wir haben die beiden Kameraden und Freunde in unsere Baracke gelegt. Dort wurden sie am Montagnachmittag geholt. Ich selbst fuhr am Montagnachmittag gleich nach Mitteltal, um meiner Mutter diese Nachricht zu überbringen. Den Tag darauf fuhr ich mit den Skiern über den Berg hinunter nach Grimmerswald bei Seebach, um Frau Storch die gleiche Botschaft zu bringen.

UNSERE LIEBE

Ein Vater erzählt

Nicht ohne die Kunst

Der Fensterladen knarzt wie der Furz einer alten Schwarzwaldkuh. Ich drücke den Griff nach unten und öffne das Fenster. Endlich kann ich meine Geburtstagsumschau beginnen. Die Straße vor dem Haus ist ganz schön breit. Normalerweise bilden einzelne Menschen Farbtupfer auf ihrem Grau. Hier ein Eilender mit der gefalteten Tageszeitung unter der Achsel, dort eine Frau mit übervollen Taschen vom nahen Markt, weiter hinten zwei Jungen, die den Hund der Familie von gegenüber ausführen dürfen. Heute ist der Belag der Straße gar nicht mehr zu sehen. Überall Köpfe, darüber Fahnen, dazwischen Schriftbänder, darunter Leiterwagen mit Brezeln und Bierflaschen. So ist es recht. Ehre, wem Ehre gebührt. Zugleich übe ich mich in Bescheidenheit: „Das wäre jetzt auch wieder nicht nötig gewesen, ist es doch nicht einmal ein Runder."

Eine Blaskapelle übernimmt die akustische Herrschaft. Hüte fliegen in die Luft. Ab und zu trillert ein Polizist mit Pickelhaube auf seiner Pfeife. Natürlich sind alle diese vielen Menschen nicht auf die Straße gekommen, um mir zu huldigen. Sie begehen den Tag der Arbeit, feiern die mühsam errungenen Rechte und Schutzbestimmungen für die arbeitende Bevölkerung und formulieren neue, weiter reichende Forderungen. Ich finde das praktisch. Geburtstag am ersten Mai – da vergesse ich ihn schon nicht.

Das Fenster ist wieder geschlossen. Auf dem Weg zum Frühstück erwartet mich ein Geburtstagsständchen, mehrstimmig mit dem Gebrumme eines Bären und dem Gezwitscher flügge gewordener Vögel. Vater liest aus dem Losungsbuch die Sätze für den Tag vor und ich bin ganz Ohr. Seine Ausdeutung und die kleinen und großen Ermahnungen für den rechten Weg im neuen Lebensjahr sind zum Glück kurz und knapp. Wir Kinder wissen ja ohnehin, wie die Eltern die Welt und uns sehen. Aber ich habe keine Lust, mich von irgendetwas stören zu lassen. Er hat sich Gedanken gemacht. Vor allem aber nimmt er sich Zeit, mit uns, mit mir zu frühstücken. Das ist richtig schön.

Ist das Glas halb voll oder halb leer? Das ist nicht meine Frage. Ich finde einfach die meisten Dinge interessant, spannend und oft auch lustig. Wir bekommen ja nicht mehr Lebenszeit, wenn wir griesgrämig sind. Man kann keine Vorräte für das Lachen anlegen wie einen edlen Weinbrand, dessen Korken nur alle Schaltjahre aus dem Flaschenhals gedreht wird. Die Leute haben es leicht mit mir. Sie halten mich für einen Spaßmacher, mehr noch: Sie gehen davon aus, dass mir das Leben saumäßig Spaß macht. Dadurch werde ich pflegeleicht. Um mich muss man sich nicht viele Sorgen zu machen. Wer so viel lacht, kann nicht traurig sein.

Was soll es? Ich finde Schönes unerhört schön, Leckeres unverschämt genussvoll, Peinliches oft unverhofft komisch.

Ein großes Potenzial an Lustigem und an Lust ist in jeden Tag eingewoben. Es ist wie ein Stück Stoff, das sich elektrisch aufgeladen hat. Du berührst es und bekommst einen gewischt. Die Energie lässt dich hüpfen, tänzeln, kugeln und die Mitmenschen haben etwas zu lachen.

Oft frage ich mich, ob die ernsten Menschen auch ernsthafter sind. Bin ich ein oberflächlicher Typ, weil ich manche Situation einfach nur genial finde, ein Meisterwerk eben? Auf der Arbeitsplatte in der Küche ist ein kleiner Mehlberg aufgeschüttet. Wasser kommt dazu, Eier, Salz, Zucker, lauter einfache Dinge. Backe, backe, Kuchen. Die Flamme springt hoch, der Ofen wird heiß, das helle Gebilde bräunt sich und bekommt Krusten. Soll ich der Griesgrämigkeit huldigen und diesen Duft für eine Täuschung, ja eine Lüge halten, weil er vergehen wird und wir mit ihm? Das ist mir einfach zu ernst. Viel lieber suche ich den Vorratsschrank nach einem letzten Glas Heidelbeergelee ab und kann es kaum erwarten, bis ich mir nicht mehr den ganzen Mund verbrenne, weil ich wieder einmal nicht länger warten will. Ich liebe Menschen und Dinge, sonst könnte ich sie doch nicht malen.Das aber ist meine Leidenschaft geworden. Langweilig war mir eigentlich nie. Solange wir in Schönbronn unseren Hund hatten, verstand ich mich als sein Zwilling. Hier in Stuttgart überließ mir Mutter einen Teil des Pfarrgartens. Fragen durfte ich sie alles. Sie ließ mir aber auch Freiheit, etwas auszuprobieren. Manche Pflanzen gedeihen, andere verabschieden sich noch vor der Ernte.

Abends saß ich über den Büchern aus Vaters Bibliothek, die von Kunst handelten. Ich bin mir ziemlich sicher, dass es verschiedene Zeiten des Sehens gibt. Der einfarbige Druck des Jungen, der sich einen Dorn aus der Ferse zieht, Rembrandt als verlorener Sohn mit einer Frau auf dem Schoß und einem Glas in der Hand … solche Werke haben es nicht eilig, ihr Geheimnis zu verraten. Zu meiner Konfirmation bekam ich etwas Geld. Es reicht für zwölf Farben, drei Pinsel, eine Palette mit Daumenloch und zwei Blöcke Aquarellpapier. So fängt es an. Meine Geschwister müssen mir Modell sitzen. Eine Bauernvase mit Mutters Lieblingsblumen lässt mich Schatten üben. Irgendwie zieht es mich bald zu großen Formaten. Vielleicht, weil mich manche einen Riesen nennen. Es gibt einen leeren Raum bei uns zu Hause. Da darf ich die überlebensgroßen Kartons erproben.

Jetzt habe ich Geburtstag und fühle mich ein bisschen wie Alexander der Große. Der wollte auch nicht zurück in seine angestammte Rolle und an die Orte, von denen er aufgebrochen war, sondern immer weiter in das Ferne, Unbekannte, Betörende. Für mich kann es kein Leben ohne die Kunst geben. Die Eltern sehen das anders. Mein kurzes Gebet vorhin noch unter der Bettdecke war eigentlich ein Wunsch: Lass mich Maler werden. Mal sehen, was daraus wird.

Dem Gipfel zu

Er wäre gerne bei seinen Schafen geblieben, David, der Hirte. Die Regeln und Gebräuche in der Nähe der Macht müssen ihn befremdet haben. Die Aufgabe ist viel zu groß, am Hof des Königs etwas zu bewirken. So fühle ich mich auch, seitdem der Brief aus Halle kam. Ich wäre durchaus nicht abgeneigt, Dorfkirchen zu gestalten, ab und zu auch einmal Wandbilder oder Glasmalereien in einer Stadt wie Stuttgart. Hauptsache, die Aufgabe passt zu meiner Erfahrung, meinem Können und meiner Kraft. Die Knie müssen ihm gezittert haben, als der junge Mann aus Bethlehem die Monumentalität des Riesen sah.

Mir verschlägt es fast die Sprache, als ich mir zum ersten Mal klarmache, wie groß diese Kirche ist. Wie ein Monument ragt sie auf. Endlich begreife ich, warum man in der Architekturgeschichte von „Hallenkirchen" spricht. Halle an der Saale ist ja eng mit der Salzwirtschaft verwoben. Wahrscheinlich gab es wohlhabende Stifter. Die „Salzwirkerbrüderschaft" hatte hier ihre Pfarrkirche. Sie steht also schon lange. Nicht darum wird es gehen, etwas Neues zu bauen und mit Kunst zu verzieren, sondern etwas Altes, Gewordenes mit neuer Intensität zu versehen. Leer ist das Ganze ja auch nicht gerade. Im Chor erhebt sich ein riesiger Altar. An seiner Hauptfläche sind Flügel angebracht. Aufgeklappt verschlägt es einem den Atem.

In der kleinen Pension einige Straßen weiter liege ich auf meinem Bett. Im Halbschlaf wankt ein Riese auf mich zu, eckig wie eine Kirche.

Zum Glück können wir Menschen einen anderen Vergleich suchen und finden. Dann bin ich kein Kämpfer mehr mit einer Schleuder und Steinen aus dem Bach. Der Riese Goliath verwandelt sich in einen hohen Berg. Lässt er sich bezwingen? Kann ich als Einzelner, dem Schwabenland mit mancher Enge entwachsen, eine solche Halle prägen? Eine gewisse Beruhigung bringt die Erfahrung mit sich. Mit kleineren Gipfeln habe ich begonnen. Einige mittlere sind inzwischen auch bezwungen. Nach der Kunstakademie waren es manchmal Rundfenster mit einem kleinen Radius oder schmal geschnittene Langfenster, nicht breiter als die ausgebreiteten Arme. Die Flächen wurden größer, die Kompositionen aufwendiger. Vielleicht war die Decke in Zehlendorf der schwierigste Gipfel bisher. Sie zwang mich, über Kopf zu malen. Ihr Umfeld in einem angesagten Viertel Berlins verlangte, mich an die Decke zu strecken mit meinen Argumenten, aber auch dem ganzen Habitus.

Von anderen Bergsteigern habe ich viel gelernt, einfach dadurch, dass ich sie verstehen wollte. Wie oft bin ich in Frankreich, in Spanien, in Italien in einer Kathedrale gesessen, habe geschaut und nachgedacht. Wie haben die Kollegen des Mittelalters das Licht in ihre Gläser eingefangen, wissend, dass sie am Abend alles Helle wieder freilassen mussten?

Mit dem Licht fängt alles an. Noch bevor ein Besucher einzelne Szenen unterscheiden kann, spürt er eine Lichtstimmung im Raum. Die Steine der Gotik können erdrücken oder tanzen, die Säulen bilden ein Gefängnis oder einen Wald, alles liegt am Licht. Das ist in Halle mein Ansatz. Bevor auch nur ein neuer Akzent von mir kommt, müssen wir manche Ungeschicklichkeit zurücknehmen. Das ist ja fast in jeder alten Kirche so. Sie sind nie fertig, sondern in einem ständigen Prozess.

Die Bauwerke haben etwas von einem Buch. Jede Generation schreibt es weiter, fügt ein kleines oder großes Kapitel dazu: hier ein paar Leuchter, da Glasscheiben, hier neue Bänke, dort eine bessere Orgel. Manchmal verlieren die Nachgeborenen den roten Faden. Der Ursprung ihrer Kirche erscheint ihnen altbacken und peinlich. Höchste Zeit, etwas Aktuelles einzubauen. Wenn man einem solchen Gebäude nur mit Pietät begegnet, wird der Kramladen immer größer. Es gilt aufzuräumen, auszuräumen, Korrekturen zu korrigieren. In Halle vernebelt mir ein dumpfes Grün die Klarheit der Lichtführung. Also kommen getönte Scheiben heraus und werden durch hellere ersetzt.

Die zweite Lektion meiner Stunden auf Kirchenbänken ist es, das Überlieferte überhaupt zu sehen. Das ist banal und wirklich schwierig. Ich habe immer so viel Eigenes im Kopf. Hundert Ideen schießen ein. Doch halt! Was ist schon da und soll vielleicht neu akzentuiert werden? In Halle steigt

Walter Kohler
Bildnis eines jungen Mannes
(vermutlich sein ältester Sohn Wolf-Dieter)
1942 · Öl auf Leinwand · 40 cm x 34 cm

Fotografie: Achim Feld

Walter Kohler
Weihnachten
Glasmalerei

Die Bildkomposition vereint mehrere Momente der Weihnachtsgeschichte: den Stern über Bethlehem, die nächtliche Botschaft des Engels an die Hirten und die staunende Anbetung des Kindes in der Krippe durch Maria, Josef und zwei Hirten (Lukas-Evangelium, Kapitel 2).

dieser große Flügelaltar auf wie eine uralte Schwarzwaldtanne. In ihrem Schutz haben Brautpaare Ja gesagt, in ihrem Schatten wurden traurige Nachrichten verlesen, unter ihrem Nadeldach sind Kinder getauft worden.

Meine eigene Kunst muss sich mit diesem großen alten Kunstwerk anfreunden oder sie ist arrogant. Man könnte neidisch werden auf die Komponisten, die Schriftsteller. Sie müssen auf niemand und nichts Rücksicht nehmen. Das schrecklich weiße Blatt, das auf eine Idee, eine erste Note, einen ersten Satz wartet, eint uns. Sie fangen aber meistens doch bei null an.

Wir Kirchenmaler sind immer nur eine Episode in der Geschichte des Bauwerks. Es gibt ein Davor und ein Danach. Manche scheren sich nicht darum. Sie machen in einem alten Gemäuer ihr Ding. Ich kann das nicht. Vielleicht hat das damit zu tun, in einem Pfarrhaus aufgewachsen zu sein. Man nimmt Geschichte mit der Muttermilch auf. Das Haus und den Garten haben andere erdacht und angelegt. Man lebt dort für zehn, für zwanzig Jahre, dann zieht man aus und andere kommen nach. So stelle ich mir die Gefühle von Diplomatenkindern vor. Die Häuser sind vielleicht größer und raffinierter, als es sich die Familie je hätte leisten können. Doch es ist klar: In dieses Konsulat, in dieses Pfarrhaus ziehen wieder andere ein. „Warte nur, balde", wie der Dichterfürst in Weimar schrieb. So überrasche ich meine Auftraggeber in Halle mit dem Vorschlag, nur drei der fünf Chorfenster mit Szenen zu gestalten. Die beiden äußeren sollen dem Altar von der Seite her schönes Licht geben. Er hat es verdient.

Dann ist da noch die dritte Sache, die ich auf meinen Reisen lernte. Die Kunst in einem öffentlichen Raum, einem Palast, einem Schloss, einer Kathedrale braucht ein Bildprogramm. Im Atelier gibt es die Freiheit und die Last, ein Thema vielleicht hundert Mal zu gestalten, wieder und wieder. Entstehen die Bilder aber für eine ganz bestimmte Wand, wo Untertanen, Bürger, Glaubende sie sehen, dann sollen sie etwas Bestimmtes erzählen. In Dresden kann man viele Schritte an einem Fürstenzug entlanggehen, hier in Augenhöhe mit einem Ritter, dort mit einem neuzeitlichen Herrscher. Auf der Wartburg reihen sich Szenen aus dem Leben der Elisabeth aneinander, farbenfroh und rührend.

Uns Kirchenmalern geht es eigentlich unglaublich gut. Da ist ein Buch, gespickt mit Geschichten. Größere Gegensätze kann es dabei kaum geben. Manche von ihnen gehen gut aus. Andere enden in einer Katastrophe. In einigen wachsen die Menschen über sich hinaus. Andere sind wie ein Spiegel unserer dunklen Seite. Diese Begebenheiten sind echt und kunstvoll zugleich. Manche könnte Homer erzählen, Dante oder Shakespeare, andere die Frau im Nachbarhaus. Personen werden darin lebendig, als würden sie nicht durch viele Jahrhunderte getrennt. Mose knallt alles hin, weil seine Mitmenschen einfach keine Lust auf Wahrheit haben. David verliebt sich in die attraktive Frau eines anderen. Maria bringt ein Kind zur Welt, weit weg von daheim, und flieht mit dem Säugling vor einem Wahnsinnigen. Diese Menschen steigen aus den alten Texten, lachen, weinen, reden mit mir. Viele von ihnen werden meine Geschichten. Die von dem Sohn etwa, der sich absetzt, Abstand sucht zu seinem Vater. In Halle wird er ein Bild bekommen, das ist klar.

Ich habe meine Lektionen gelernt, jetzt muss ich liefern. Die Fenster dort sind so riesig, dass ich mir einen Trick der Gotik abschaue. In die Fläche setze ich große Kreise. Einen auf den anderen, sie berühren sich und sind doch eigenständig. Jeder Kreis bekommt eine Szene, eine Geschichte, ein Thema. Die Umkreisung bindet sie aber auch aneinander. Die Betrachter sollen Zusammenhänge entdecken können. Das braucht meinen ganzen Mut. Das Mittelfenster steht natürlich im Zentrum. Erst oberhalb der Altarspitze fange ich zu erzählen an. Da wage ich etwas. Alles. Das erste und das letzte Buch der Bibel bringe ich in ein Bild. Ein Paradies, leckere Früchte, Tiere, Sonne, Mond, ein guter Ort, Mensch zu werden, Frau und Mann, Eva und Adam. Darüber im Oval einer Mandorla Jesus. Wir glauben von ihm, dass er diese wunderbare Schöpfung wieder ins Lot bringt. Über ihm eine Stadt, das Zentrum eines kommenden Lebens, in dem es keinen Krieg, keine Hungersnöte, keine Seuchen und keine Verbrechen mehr geben wird.

Auf die Berge der Kunst zu kraxeln hat zwei gewaltige Schönheitsfehler. Wochenlang bin ich am Auftragsort und nicht daheim. Die Kinder werden größer und meine Frau muss das alles ohne mich stemmen. Ist dann ein Gipfel erreicht, bin ich so abgespannt, ja ausgebrannt, dass nur meine Hülle heimkehrt. Fragen an mich gehen ins Leere. Vom Einkaufen bringe ich nur die Hälfte mit. Auf der Bank fällt mir unsere Kontonummer nicht mehr ein. Wenn ich von diesen zwei Nachteilen absehen darf, spüre ich meine Berufung in meinem Beruf. Es ist einfach faszinierend. Die Kreise schieben sich ineinander. Ich mache, wofür ich auf der Welt bin.

Während ich arbeite, verändert sich dieses Land. Man redet viel offener von der Schande, die der Vertrag von Versailles dem stolzen Germanenvolk auflud. Die Juden sollen uns um den Sieg im Ersten Weltkrieg gebracht haben. Zuerst hoffte man, der Kaiser komme zurück aus seinem Exil in Holland. Dann betritt eine neue Führergestalt die Bühne. Offiziell dürfen wir ja kein Militär mehr haben. Trotzdem rotten sich Gruppen zusammen und üben an Waffen. Meine Glasfenster sind mit Licht gemalt. Manchmal ist mir, als werde es schon morgens dunkel.

Einer für alle

Als Letzter eingestiegen, drückt die Tür gegen meine Hüfte. Auf der anderen Seite spüre ich die metallische Kälte eines Gewehrschafts. Stunden schon fahren wir, zwei Hände voller Männer in verschlissenen Uniformen. Der kastenförmige Wagen hat kein Dach. Für den Schützen im Tiefflieger sind wir eine leichte Beute. Zehn weniger, was macht das schon. Gelingen ihm aber einige Attacken, schwächt sich unser eigentlich schon lange sinnloser Widerstand. Das Gewehrfeuer aus Häuserruinen, in die wir uns verschanzen, wird früher schweigen. Einige junge Männer mehr überqueren irgendwann wieder den Ozean, kehren heim zu den Eltern, zurück zu der Braut.

Unser Gefährt ist vollkommen überladen. Niemand kann sich drehen, aufstehen geht schon gar nicht. Trotzdem schnelle ich hoch, schürfe mich an der Verriegelung auf. Für Sekunden nur habe ich ihn gesehen: ein großer, dunkler Hund, den Wächter eines weit vor dem Dorf gelegenen Gehöfts. Ein Beschützer der kleinen Schafherde ist er. Doch die Bauersleute sind auch irgendwie beruhigt, wenn er in ruhigen Bahnen um den mit rohen Brettern eingefassten Sandkasten kreist. Ihre spielenden Kinder, ihr Ein und Alles. Jetzt aber kniet er. Die vorderen Läufe müssen gebrochen sein. Die Fliegenschwärme sind so dicht, dass ich sie sehen kann. Über seinem Kopf hängt ein Schild. Mit dicker schwarzer Handschrift steht dort: „Widerständler = Hunde“.

Der Ort liegt längst hinter uns. Links der Straße steigen Weinberge an. In meiner aufgeschürften Hand spüre ich die warme Schnauze unseres Hundes. Damals war ich ein kleiner Junge. Die Tannen des Schwarzwaldes waren dunkle Striche. Im Nebel lösten sie sich auf zu schiefergrauen Wänden. Die Häuser zogen ihre Dächer fast bis zum Boden, wie man den Kragen seines Mantels hochschlägt, um der Kälte zu trotzen.

Mein Vater war hier Pfarrer. Die Leute mochten ihn von Jahr zu Jahr mehr. Vielleicht, weil er sich immer abmühen musste wie sie, kein Denkadel, sondern ein Kämpfer. Er gab nicht an. Klug war er trotzdem. Er las, was zwischen zwei Buchdeckel passte. Heilkunde und Anatomie faszinierten ihn. Gebeten traute er so gut wie alles zu. Doch er konnte sich nicht auf die Seele konzentrieren, wenn der kranke Körper eines Menschen nicht versorgt war. Oder falsch. Eine Frau bekam eine riesige Geschwulst außen auf ihrer Haut. Ein Nachbar bohrte das unheimliche Ding mit einem dreckigen Messer an. Vielleicht lief es ja leer. Alles entzündete sich. Jetzt wurde Vater zu ihr gerufen, einer Sterbenden. Das Zubehör für ein letztes Abendmahl ließ er wie aus Trotz zu Hause. Reinigte die Wunde. Schnitt mit einer sterilen Klinge nach. Verband alles. Nach vier Wochen saß die Frau wieder im Stuhl. „Diese Krankheit ist nicht zum Tode“, irgendwann hat er diesen Satz gelesen und ihm geglaubt, wo immer es ging.

Sie holen ihn. Oft mitten in der Nacht. In den letzten Jahren dort auch Katholiken aus Schramberg, ihn, den evangelischen Pfarrer von Schönbronn, wo eigentlich nur wenige Familien die Reformation mochten. Oft bin ich mitten in der Nacht aufgeschreckt. Sie kamen, pochten, klopften, klingelten, ihn zu holen, Vater. Manchmal pochten Fäuste auf das Holz. Er versuchte, niemanden von uns zu wecken. Die knarzende Treppe schlich er auf Socken hinunter. Unten standen seine Stiefel. Meine Angst erwachte erst, wenn es wieder still war. Dann stellte ich mir unseren Schäferhund vor. Er wachte an meinem Bett. Wenn mein Arm im Schlaf aus dem Schutz der Decke rutschte, leckte er die Finger ab. Nichts davon ist mehr hier. Nirgendwo ein sicherer Ort. Mein Vater, der wissensdurstige Pfarrer Christian Kohler, ist dorthin aufgebrochen, wovon er oft erzählt hat. Nichts deckt uns hier zu.

Ein Bündel Geldscheine liegt vor mir. Wir bekommen Sold. Selbst hier, weitab von Ämtern, gibt es Tabellen, Listen und Menschen, die sie begreifen und fortschreiben. Unser Soldausteiler ist ein netter, ruhiger Kerl. Er interessiert sich auch für Literatur. Wir tauschen die wenigen Bücher gegenseitig aus: Hölderlin gegen Tolstoi, Stendhal gegen Stifter. Der Geldbote hat noch ein zweites, ein schreckliches Amt. Er führt den Begräbniszug. Wir können die Toten ja nicht mitnehmen. Transporte nach Deutschland gibt es dafür schon lange nicht mehr. Auf den wenigen Flughäfen, die noch angeflogen werden, liegen lange Reihen von Verletzten.

Neulich sehe ich ihn weinen. Andere sind in der Nähe, so warte ich. Später frage ich ihn. Er sieht wie durch mich hindurch und antwortet monoton: „Es ist wegen Ludwig, weißt du, der Lange von der Schwäbischen Alb. Wir haben uns als Brüder entdeckt. Heute Morgen schlichen wir uns vor das Lager und lasen die Losung des Tages."

Ich nicke. „Du brauchst nichts zu erklären." Eine militärische Parole meint er nicht, sondern einen Satz aus der Bibel, manchmal auch zwei. Sie werden ausgelost. Für ein ganzes Jahr. Jeder Tag hat eine Widmung, eine Losung eben.

„Wir lesen sie uns vor. Ein Vaterunser. Dann zurück. Drei Stunden später blutet er in sein Leichentuch. Wir hacken die verkrustete Erde auf. Man kann die Scharfschützen fast riechen. Für Ludwig lese ich noch einmal die Losung. Er lacht mich nicht mehr an. Wir nehmen Abschied ohne Abschied."

Die Scheine haben Falten, einige Risse. Egal. Sie werden gerne genommen, gleich wie sie aussehen. Irgendwann werden wir dieses Geflecht von Bunkern aufgeben und wieder durch eine Stadt kommen. Einige Geschäfte haben meistens noch offen. Schon jetzt weiß ich, was dann aus meinem Sold wird. Ein Tuch für Lise, französisch, chic, für Falk ein kleines Spielzeugauto, Schokolade für die Zwillinge und, wenn ich sie finde, ein, zwei Pinsel für Dieter.

Die Lieben haben lange schon nur das Nötigste. Aus dem brennenden Stuttgart fliehen sie. Noch steht das Haus und unsere Wohnung mittendrin. Keines der Fenster aber hielt die Druckwellen aus. Nachbarn wurden verletzt und verstümmelt. Die Augen und Ohren der Kinder sind überladen vom Schreck und vom Schrecklichen. Die einst großartige Metropole ist längst ein Magnet der Gefahr. Ein kleines Dorf im Schwarzwald wird zum Exil. Mitteltal kann eng und dunkel sein, doch es ist noch sicher. Frisch gelegte Eier werden nicht konfisziert. Schnee lockt zu einer Schlittenpartie. Kein Blut tropft in seine weiße Weite. Die Mutter mit ihren drei kleinen Kindern schrickt nicht mehr jede Nacht auf. Wolf-Dieter aber darf nicht mit. Er ist gerade fünfzehn, da holen sie ihn von der Schulbank. Zu oft hat unser Volk schon zugesehen, trotz des Gefühls, dass etwas nicht stimmt. Die Kraft zu widerstehen liegt unter tausend Kompromissen begraben. Sie stellen eine ganze Klasse an riesigen Geschützen. Flugzeuge sollen sie am Himmel pflücken wie reifes Obst. Die Rohre glühen vor Hitze. Die Munition schleppt sich unsagbar schwer. Die Räder der Zielerfassung meinen einen Menschen in der Glaskanzel seines Vehikels. Von einer Stellung schicken sie meinen Sohn zur nächsten. Nie weiß ich, ob meine Feldpost ihn überhaupt erreicht.

Eigentlich sollte ich mich in etwas anderes versenken, aber die Geldscheine vor mir haben längst zu reden begonnen. Der Krieg hat mich aus meiner Kunst katapultiert. Dafür verdiene ich zum ersten Mal geregelt. Monat für Monat, Jahr für Jahr. Egal wofür, egal wie, der Sold steht. Das ist absurd. Vieles habe ich gesehen, manches getan, dafür müsste ich ein Leben lang bezahlen. Eines aber ahne ich erst durch diese Erfahrung: Ein Dasein im Takt des festen Einkommens ist gebahnt. Du kannst planen, etwas aufbauen, anderes abbezahlen. Läuft es gut, wächst ein kleines Vermögen nach und nach an. Man wird sicher.

So etwas kenne ich nicht. Nach der Akademie hing alles davon ab, Aufträge zu bekommen. Bezahlt wird nur, wenn ich liefere: rechtzeitig, vollständig, schön. Es lief. Die Aufgaben überlappen sich wie Ziegel auf einem Dach. Mut gehört dazu, die uralten Techniken anzubieten, wenn es für einen Raum passt: Glasmalerei im Geist der Gotik, Fresken für riesige Wandflächen, wie schon die alten Römer malten, Holzdecken, auf die direkt Farbe aufgetragen wird … Ich kann das. Mit jedem Mal besser. Die Kirche in Württemberg hat einen Sachverständigen. Der empfiehlt mich weiter. Was willst du mehr. Es läuft. Der Preis für den Erfolg ist allerdings heftig.

Oft muss ich weg von daheim. Du kannst Skizzen zeichnen, wo immer du bist. In deinem Atelier entstehen Entwürfe im Maßstab 1:10, kleine Bilder. Meistens aquarelliere ich sie. Kommt dann das ersehnte Ja, muss ich fort, oft für Wochen. Das Fresko in Hohenstaufen wächst in einem gefühlten Schneckentempo. Der frische Auftrag von Farben zwingt zu einer morgendlichen Festlegung der Tagesfläche. Die Trocknung gewährt kein Pardon. Manchmal sitze ich auf dem Gerüst und frage mich, ob es trägt. Nicht meinen Körper, der ist lang und schmal, sondern die Last eines Vaters. Die Ärztin bei der Geburt der Zwillinge empfindet das wahrscheinlich ähnlich. Es ist nicht die Arbeit.

Das Geld drückt. Einen Schulranzen können nicht vier hintereinander und zugleich nutzen. Das Loch in der Sohle lenkt einen Strom von Schnupfen und Halsweh in ein Kinderzimmer. Ich habe mich meiner finanziellen Engpässe geschämt, aber sie kommen immer wieder wie das Flattern eines Nachtfalters, der sich im Zimmer verirrt hat und nicht mehr hinausfindet. Die Sorgen um Geld haben in meiner Familie Tradition. Nicht die Faulen sorgen sich, sondern die Fleißigen.

Ich muss meine schweifenden Gedanken einsammeln und abschalten. Ein Marschbefehl. Wieder gilt es, seine sieben Sachen zu packen, die behelfsmäßige Unterkunft auf Karten und Schriftstücke abzusuchen, damit nichts dem Feind in die Hände fällt und hilft. Vielleicht noch etwas Essbares aufzutreiben. Dann stehen wir auf dem Platz, gesäumt von Rathaus und Kirche. Fahrzeuge fehlen. Alles verzögert sich. Wie von selbst denke ich dort weiter, wo ich vorhin unterbrochen wurde.

Das Geld hat in unserer Familie mehr angerichtet, als mir lieb ist. Wir kommen nicht immer klar mit dem, wie es ist. Paulus hieß wirklich so. Paulus also hat das Zeug zum schwarzen Schaf. Er ist mein Großvater. Er wächst in Schura auf, wie Generationen vor ihm. Das kleine Kaff nahe des Schwarzwalds ist nicht gerade eine Idylle, aber die Kohlers setzen sich fest und beißen sich durch. Der Vater von Paulus hat es den Alteingesessenen gezeigt. Heimlich, still und leise wird er immer reicher. Hier ein Flecken Land, da eine

Manufaktur. Er hat den Dreh raus. Wagt er etwas, dann nur, soweit er es kontrollieren kann. Alles hat Regeln, Methode und Grenzen. Sein Ältester könnte es sich leicht machen und einfach Sohn sein, irgendwann dann auch Erbe. Paulus aber hat seinen eigenen Kopf. Er will etwas anpacken, was es noch nicht gibt: Einen Laden baut er auf für die Leute von Schura. Sie finden dort, was man so braucht: Stoffe, Fäden, Nadeln … Ab und an auch, was man nicht braucht, was einfach nur schön ist.

Ein kurzes Aufschrecken. Geht es los? Dann die Nachricht: Das dauert noch mit den Autos. Je länger der Krieg währt, desto rarer sind Ersatzteile. Oft wird improvisiert. Wir dürfen die Formation auflösen und aus der Sonne gehen. Schatten gibt es unter den Schaufenstern der kleinen Geschäfte. Einst haben sie diesen Marktplatz wie eine Kette von Perlen verziert. Den Sack mit meinen Habseligkeiten lehne ich an eine Fassade und achte darauf, nichts zu zerdrücken, was mir wichtig ist. Dann setze ich mich. Den Helm dürfen wir nicht ablegen. Die Partisanen wagen sich längst auch in die größeren Dörfer und Städte.

Allmählich verstehe ich die Dekoration der staubüberzogenen Glasscheibe. Das war ein Hutgeschäft. Federgeschmückte Hüte für die Sommerfrische, feinste Kopfbedeckungen für die Firmung des ersten Kindes, daneben Baskenmützen. Sofort würde ich hier zugreifen. Meine blaue ist im Atelier verbrannt, sie war wie eine Wächterin meiner Bilder und hatte keine Macht.

Die Nadel der Erinnerung sticht erneut ein und ich bin wieder bei Paulus, meinem Großvater. „Väter und Söhne" – wie recht hat Turgenjew, gerade über dieses Beziehungsgeflecht zu schreiben. Er erzählt zwei Geschichten. Dabei gibt es Millionen. Jede ist anders. Paulus hat einen Vater, der heißt wie er selbst. Nur das Holz unterscheidet sie, aus dem sie geschnitzt sind. Wenn der Alte Schwarz und Weiß unterscheiden kann, duldet er kein Grau. Eine Anschubhilfe für den Sohn, wie man einen Jungen auf dem Schlitten durch harschen Schnee schiebt, kommt ihm nicht in den Sinn, kein Startkapital für den neuen Laden, nichts. Vor allem kein offenes Ohr. Der junge Mann wagt es trotzdem. Anfangs entwickelt sich alles gut. Die Menschen im Dorf reagieren erstaunt, neugierig und beglückt. In ihrem kargen Dasein haben sie irgendwann etwas zur Seite gelegt für eine Brosche, einen Haarkranz, eine zweite Krawatte neben der schwarzen, die sie immer tragen.

Das neue Geschäft wird die erste und einzige Adresse für die Kür vor Ort. Fahrende Händler bekommen schnell mit: Hier gibt es einen neuen, unerfahrenen Kunden. Der Mann hinter der Ladentheke erkennt in ihnen Alters- und Leidensgenossen. Sie müssen genauso kämpfen wie er. Paulus kann sie nicht einfach wegschicken. Das bringt er nicht über sein Herz. Wenigstens eine kleine Bestellung… Notiert, Handschlag, geliefert. Auf Rechnung. Dann das Bezahlen, aber wann und womit? Die Leute kaufen nicht mehr Dinge, nur weil seine Auslagen reicher bestückt sind.

Sie haben immer gleich wenig Geld. Seine Schulden wachsen über Nacht und bei Tag. Die Ökonomie macht für ihn keine Ausnahme. Er hat sich verkalkuliert und verspekuliert. Dem Vater wäre es ein Leichtes, ihn zu entschulden. Dem aber genügt, recht gehabt zu haben. Paulus junior soll gehorchen oder untergehen.

Ich verstehe ihn. Du hast geheiratet. Bald kommt dein erstes Kind. Es bleibt nicht das einzige. Es geht doch: Familie gründen, etwas aufbauen, Erfolg haben. Die ersten Mahnungen werden ignoriert wie feuchte Stellen an einer Wand. Irgendwann gibt es keinen zulässigen Zweifel mehr: Dahinter ist ein Rohr geborsten. Dabei will Paulus nur seine Liebsten retten: vor der Schande, aus der Scham. Ich weiß, wie sich dieser unbändige Wille anfühlt, alles zu geben, damit es ihnen gut geht, diesen kleinen Gesichtern und den Augen deiner großen Liebe. Paulus, mein Opa, tut das Unvorstellbare. Er fälscht die Unterschrift seines Vaters. Geldgeber glauben ihr. Ist das der Aufschub, vielleicht sogar die Lösung? Wäre da nicht sein bohrendes, wimmerndes, unbändiges Gewissen. Heimlich geht er, abschiedslos, flieht nach Amerika. Fünf Jahre des Sehnens folgen. Dann kehrt er zurück. Ein Abend des Wiedersehens, ein Fest der kleinen Familie. Tags darauf wird er verhaftet. Der Richter sieht nur die falsche Unterschrift. Zuchthaus. Mein Großvater fährt ein. Die Strafe währt lange. Seine Frau überlebt sie nicht. Ich habe Respekt vor der Macht des Geldes und ich verwünsche es.

Werde ich dort weitermachen, wo ich aufgehört habe, als ich die Uniform anzog? Einfach so? Entwerfen, erklären, verhandeln, ausführen... Der Krieg hat mich im frühen Sommer geholt. Die Ähren meiner Arbeit standen gut im Wuchs. Vier Kinder. Eine Frau, die auf ihre eigene Kunst verzichtet, um die Kleinen über die Klippen von Keuchhusten und Kummer zu bringen. Wir sind eine Familie.

Irgendwo in meinem Rücken rutschen Dachziegel von einem angeschossenen Dachgerüst und zerschellen auf einem Balkon. Die Gebäude hier sind müde und welk von dauerndem Beschuss. Wir schaffen Ruinen und werden in Trümmer zurückkehren. Wird man die Kirchen nochmals aufbauen? In der alten Nikolaikirche habe ich eine riesige Wand ausgemalt. Irgendwie erschien Heilbronn kriegswichtig und kam auf die Liste der Ziele. Schon 1944 ging dort alles in einer riesigen Wolke von Schutt und Staub auf. Meine Wand wird es nie mehr geben und das ist fast noch der kleinste Verlust. Wenn die doch noch siegen, deren Uniform ich schon so lange trage, wird es keine Gottesdienste mehr geben. Nirgendwo. Nie.

Großvater, wir haben uns nie treffen können. Keinen von uns Geschwistern hast du im Arm gewiegt. Dein Opfer war irgendwie sinnlos. Die größere Schuld noch als Zahlen und Tabellen ausweisen, spürtest du in dir. Deine Seele ist verblutet. Auch ich komme hier nicht heil heraus. Zu viel Leid entstand, weil ich das Handwerk des Krieges irgendwann verstanden habe. Ich kann nur hoffen auf die Liebe. Ganz am Ende. Wie eine Badewanne. Vielleicht geht nach Jahren die Kruste aus Erde, Schweiß und Pulver ab.

Eva, Adam. Und Lise

Berlin zum Dritten. Ein Jubiläum. Kaum überschreite ich die Schwelle, vierzig zu sein, denke ich schon in solchen Etappen. Die erste Berlinzeit war auch die längste. Ein ganzes Semester. Der Schwabe im Schmelztiegel, im Sündenpfuhl, im Steigflug. Manchmal glaubt man noch, den letzten Kaiser mit seinem verkrüppelten Arm hoch zu Roß zu sehen, doch der ist ja längst in seinem Exil in Holland. Die blutgetränkten Barrikaden sind verschwunden. Die Stadt wächst über sich hinaus. Backsteinhallen mit steil aufragenden Schornsteinen säumen manches Uferstück. Riesige Öfen glühen. Der Lärm von Fabrikationen auf Hochtouren dringt durch die Luft. Es gibt sie wirklich, die Kokotten, schmal, in tief geschlitzten Blusen, die einige meiner Kollegen in allen Posen malen. Anders als bei Klimt liegen ihre Körper nicht erschlafft wie ein raffiniertes Seidentuch auf einem Sofa. Sie stehen unter Strom, bis ein Funke auf den Freier überspringt.

An der Akademie haben wir Modelle. Die Momente erregen immer neu, wenn sich der Bleistift in deiner Hand einfühlt in ihre Anatomie. Du hast Zeit für einen zweiten, dritten Blick. Später sitzen sie mit uns an dem selbst gezimmerten Tresen am Rand des Aktraums. Ihren Dialekt kann ich oft kaum entziffern. Mit den Sätzen ziehen sie sich wieder an und zurück von uns.

In meiner zweiten Berliner Zeit male ich wieder Nackte. Ein Paar. Niemand steht jetzt Modell. Ich liege auf einem waagrechten Gerüst und bemale mit heller Farbe eine Holzdecke. Der Kirchenbau ist gerade erst fertig geworden. Ernst Moritz Arndt wird ihr Namenspatron. Die Leute in Zehlendorf haben Bildung und sie sind mutig. Doch ich male nicht ihn, sondern eine Frau und einen Mann, Eva und Adam. Die Urmenschen fesseln mich. Nicht so sehr theologisch, sondern irgendwie elementar: Sie haben nur sich. Nackt zu sein ist das Ende der Riten und Religionen. Ihre Augen zueinander, ihre Hände füreinander, die große Katastrophe ist auch eine Art Entkleidung. Der Vulkan faucht in Herzweite. Sie überleben. Ihre Neugier aber gilt dem Unsichtbaren. Wird er sich noch einmal auf eine Dreiecksgeschichte einlassen? Oder ist es vorbei?

Als ich die Berliner Decke male, ahne ich noch nicht, wie oft ich seitdem Adam und Eva gesehen habe. Die Soldatenfrau mit einem Säugling auf jedem Arm, der vollgestopfte Zug ruckelt und ächzt, nimmt Fahrt auf, sie steht am Nebengleis und sieht ihn für eine winzige Sekunde am Fenster eines Waggons. Das Partisanenpaar, dem wir Gürtel und Hosengummi durchtrennen und ihre vermeintliche Übeltat in die bloße Haut ritzen. Bruder und Schwester Hand in Hand im Hof eines Krankenhauses, dessen Tür ich bemalen soll. Sie stottern, sie kichern, sie quieken, ein Schlachthof ist dieser Ort der Heilung geworden. Wer die Rasse schändet, anders, wie er ist, wird zur Asche, die man sprachlosen Eltern aushändigt wie ein vergessenes Kleidungsstück. Unter dem Rock von Eva wächst in der staubigen Erde ein gelber See. Adam atmet die Angst ein.

Unter den Nackten male ich auf der Kirchendecke einen Durchhängenden. Sie nennen ihn den zweiten Adam. Damals bin ich noch ein Anfänger in Sachen Hinrichtung. Jahre später trage ich eine Enzyklopädie des Tötens in mir. Wie oft fahren wir an Galgen einfach vorbei. Wie oft sind wir das einbestellte Publikum, wenn ein junger Deserteur erschossen wird. Wenn ich irgendwann einmal wieder eine Kreuzigung malen soll, werden sich die Menschen vor ihr fürchten und ein Vater wird die Augen seines Sohnes bedecken.

Eva. Adam. Nur nackt sind wir frei, manchmal wenigstens. Dorthin muss ich zurück. Lange, bange Monate habe ich mir an den Verkleidungen genügen lassen. Ein Blinder war ich mit zwei Augen. Wir sind Maler einer Generation, die wirklich sehen wollen. Sich dabei selbst zu täuschen, wer kann es verhindern? Die Bartstoppeln, gelbe Zähne, der Schlitz auf der Rückenpartie des Mantels – dieser Alte schläft bestimmt unter einer Flussbrücke. Die Frau hinter der Scheibe des Cafés ist schön wie eine Porzellanfigur aus der Manufaktur von Meißen. Passanten sind es, unsere Wege kreuzen sich nur für Sekunden. Die wenigen ganz nahen Menschen tragen auch ein Patchwork ihrer Herkunft und ihrer Entwicklung. Eine Zeit lang genügten mir die Stoffe. Nackt sah ich uns nicht mehr. Eva und Adam, wo seid ihr? Dabei wartete die Katastrophe im Nebenzimmer. Ich musste nur den Raum der Liebe verlassen. Dann war alles vorbei. Für immer.

War mir nicht am Anfang unseres Miteinanders, als könnte ich meinen Kopf unter das Rohr eines Dorfbrunnens halten und die Augen neu aufschlagen? Zu flirten ging damals wie von selbst. Ich glaube, das hat mit dem Lachen zu tun. Überall sehe ich Komisches und glaube ihm. Mein Kopf montiert ständig Dinge zusammen, die eigentlich in getrennten Sphären sind. Nimm dir zwei Äste, die entgegengesetzt wachsen, biege sie aufeinander zu, dann lass los. Auf einmal fliegt dir alles um die Ohren. Funken des Lustigen und der Lust. Frauen mögen Männer, die lachen. Eine Hoffnung besteht, sich nicht zu früh mit ihnen zu langweilen.

Lise und ich schütteln uns aus vor Gelächter. Wir tollen wie zwei junge Hunde, die den Regen aus dem nassen Fell bekommen wollen. In einer lächelnden Mondsichel überqueren wir den See der Fremdheit. Sie ist die lustigste Frau in meinem Leben. Die ernsteste. Manchmal sehe ich sie in einem Wachtraum auf eine Brücke zugehen. Schritt für Schritt lässt sie das felsige Ufer zurück. Unter ihr wabert eine dunkle Tiefe. Der Mitte nahe dreht sie sich um und winkt mir. Wenn du mitkommst, können wir alles Neuland erreichen. Wir haben nur uns. Das ist alles.

Mein ganzes Denken besteht aus Bildern. Dem Brückenbild glaube ich nicht. Warum soll dieser Gang endgültig sein? Wir sind doch frei, vor und zurück, auf und ab. Alles gilt. Lise tanzt. Das ist ihr Beruf. Nicht diese trippelnden, triefenden, kostümlastigen Choreografien, die den letzten Kaiser in seiner opulenten Loge rühren, ohne ihn zu berühren. Lise wagt das Moderne. Sie schließt sich den Frauen an, die mit Konvention und Kitsch brechen. Mary Wigman, den Dresdnerinnen … Ihre Körper tragen die Psyche. Ihre Seele verkörpert sich. Der Ausdruckstanz will dasselbe wie wir jungen Maler. Die Schleier des Scheinbaren beiseiteschieben und neue Formen suchen, neue Schritte, neue Farben, neue Gesten.

Ich sehe Lise tanzen. Meine Liebe getraut sich zu ihr auf die holzverplankte Bühne. Eine Suchende ist sie, die sich finden lässt. Eine Mutige, die sich anschmiegt. Eine Einsame, die ihre schmalen Hände ausstreckt. Was ich in ihrem Tanz nicht sah, war das Unbedingte. Wenn du den Zuschauerraum verlässt und zu mir kommst, werden wir uns gemeinsam bewegen. Alles um uns wird vergehen, Musik und Applaus, Raum und Zeit, nur noch eine Melodie des Lebens.

Dann sind wir nackt. Zwei Menschen. Eva und Adam. Es ist das Paradies. Ein Neues entsteht. Unser Sohn. Warum gebe ich ihr den Apfel? Misstrauen und Angst sind sein Aroma. Natürlich erzähle ich meinen Eltern von ihr, meinem Schatz, meiner Königin. Sie sind nur so lange offen für diese Neuigkeit, bis sie begreifen, wer sie ist: eine fahrende Künstlerin, wahrscheinlich brotlos. Sie tanzt vor Männern, schamlos ist das, eine Schande. Die Eltern schaffen es, mit ihren christlichen Werten dem Wandel der Kultur buchstäblich zu trotzen. Lise passt nicht in das Hochzeitsbild des Sohnes eines Stadtpfarrers. Natürlich wehre ich mich, halte dagegen, bestreite ihre Vorhaltungen. Irgendwann gehen mir die Argumente aus. Nebel wabert. Manchmal sehe ich Lise auf der Brücke nur noch schemenhaft. Längst male ich keine Porträts der Schwangeren mehr. Meine Farben vertrocknen. Unsere Liebe stirbt.

So merkwürdig sich das anfühlt: Unser Erstgeborener erlebt im Mutterleib einen Krieg, auch wenn die Waffen nach dem ersten großen Weltbrand ruhen. Ein Jahrzehnt, bevor das noch schrecklichere Feuer ausbricht, wird über ihn hinweggestritten. Grabenkämpfe um Moral und Freiheit, Glaube und Kunst, Tradition und Moderne, sie ändern nichts wirklich. Der Bauch wölbt sich. Alles wird mühsamer. Die werdende Mutter kann nicht in Stuttgart überleben. Zum Glück habe ich Geschwister. Sie findet eine Zuflucht. Es wird nicht ihr letztes Exil bleiben, weil sie mich in ihr Herz geschlossen hat. Für sie gibt es kein Zurück. Sie hat mit mir gelacht und getanzt, sie war nackt wie ich, jetzt ist sie Mutter. Was kommt nach der Brücke? Wie wird sie dort leben? Mit wem? Eine Alleinerziehende mit ihrem unehelichen Sohn? Wird irgendwer es gut mit ihr meinen, sich ihrer annehmen und sie aushalten? Ich kann sie nicht mehr sehen. Die Furcht vor dem Bruch mit meinen Eltern blendet mich. In diesen Wochen denke ich wirklich so: meine Herkunft oder sie. Dabei ist doch nirgends mehr Familie als mit ihr. Verliebte seien blind vor Liebe, sagt man so leicht. Ich war in diesen Wochen unfähig, das Wesentliche zu sehen. Ich war blind für die Liebe.

Die meisten Dramen der griechischen Antike enden tragisch. Es gelingt den Frauen und Männern einfach nicht, die Fesseln der Konvention, das falsche Ehrgefühl und den eingeatmeten Hass rechtzeitig loszuwerden. Katastrophen geschehen. Manchmal aber gibt ein göttliches Wesen seine Distanz auf und bringt Rettung. An Seilen gleitet der Deus ex Machina auf die Bühne. Wie der Gott, dem ich glaube, das macht, weiß ich nicht. Alte Geschichten von seinem Eingreifen gibt es erstaunlich viele. Mir hat immer gefallen, wie er Joseph nachts im Traum zuredet, Maria und das Neugeborene erst einmal ins ägyptische Exil zu bringen. Ich stehe vor der Staffelei. Die Landschaft ist angelegt, ohne mich zu begeistern. Es ist die immerwährende Balance, Details zu malen und doch expressiv das Größere zu meinen. Da wirft ein dunkler Schatten eine Diagonale auf Berge, Fluss und Felder. Das ist kein Kunstgriff, sondern wie ein Riss im Malgrund. Eigentlich ist das ein ästhetisches Phänomen, aber ich sehe den Strich durch meine Rechnung. Als Pfarrerssohn Maler werden, Erfolg haben, dafür wird sich der Raum meiner Herkunft weiten. Lise aber und unser Kind sind zu viel auf dieser Seite. Es geht nur über die Brücke. Alles verlassen. Alle. Den Pinsel lege ich zurück und taste nach einem Stuhl. Meine Feigheit ist kein lächerlicher Pickel, den man ausdrückt. Ich bin so unreif, dass ich Lises Schmerzen nicht einmal ahne.

Irgendwie schaffe ich den Weg zu ihr. Unsagbar müde Augen erwarten mich. Sie spürt meine Verwandlung und glaubt ihr. Mir musst du nichts beweisen, höchstens dir. Wir versprechen uns einander. Unser Kind wird in keiner Villa aufwachsen. Die unausgesprochene Ablehnung wird sich wie Frost auf das Feld seiner Fantasie legen. Aber es wird Eltern haben. Uns. Die Hände sind nackt, aber nicht leer. Da wachsen Bäume. Ich werde eine Wiege schreinern und sie bemalen, blau und rot.

Mäander

„Ich bin keiner von den Guten." Den Stummel seiner Zigarette stippt er mit zwei Fingern weg. Schweigen.

Das Lazarett ist in einer alten Klinik einquartiert: Backsteinbauten auf weitläufigem Parkgelände, wie ich es von der Charité in Berlin kenne. Offensichtlich hoffte man auf etwas Heilsames in der Natur, auch für Schwerkranke. Ein riesiger Walnussbaum ist unser Rauchort geworden. Hier sieht man schon früh, wer näher kommend zuhören könnte. Ein solcher Satz war vor ein, zwei Jahren undenkbar. Deutschland wuchs. Der Lebensraum schien keine bloße Metapher zu sein. Millionen von Ungeborenen werden einst Platz finden, wenn sich die Grenzen des Reiches weiterhin im Takt von Monaten nach außen schieben. Man schimpft auf den Gegner, bespöttelt das Essen, mokiert sich über die Soldatenpfarrer, aber die Sache ist gut wie man selber. Vielen solchen Guten bin ich begegnet, habe zugehört und dann einen Satz gebastelt, der mich aus ihrem Dunstkreis bringt. Der Mann neben mir redet anders. Deshalb halte ich ihn aus.

Für die Verwundeten auf den Bänken vor den Häusern müssen wir ein seltsames Paar abgeben. Der drahtige Mann mit dem Augenverband, als sei sein Turban einige Zentimeter nach unten gerutscht, und der baumlange, schlaksige Soldat, dessen Schulter eingewickelt ist. Auf meiner anderen, meiner gesunden Seite hängt er sich ein. So schaffen wir es über das Treppenhaus vom dritten Stock hinunter und dann hinauf zu der kleinen Anhöhe, bekrönt von unserem Baum. Im Normalfall wären wir uns wohl nie begegnet. Die Flieger, zu denen er zählt, haben ihre eigenen Stützpunkte, bewacht, beschützt, betüdelt. Es ist nicht die Sympathie, die uns zusammenbringt, sondern der Umstand, dass Kriege von Menschen geführt werden. Sie fügen zu und bekommen etwas ab.

Ein britischer Jäger hat ihn frontal im Visier. Unter der Salve birst die Pilotenkanzel. Eine Kugel zerfleddert sein linkes Auge. Er wird niemals mehr fliegen. Mich erwischt ein Granatsplitter, nichts, worum ich mich kümmerte in dem tagelangen Verteidigungskampf an der italienischen Küste. Ein Offizier nach dem anderen sinkt in sich zusammen, schreit auf und verblutet. Auf einmal bin ich der, zu dem ängstliche, rastlose Augenpaare aufsehen. Wie überstehen wir den dauernden Beschuss, bis sich ein Korridor für den Rückzug, eher noch die Flucht, öffnet? Dem Splitter sind die täglich wachsenden Schichten von Staub und Dreck auf meiner Haut egal. Er hat seine Brutstätte gefunden, sein Nest, sein neues Zuhause, warmes Menschenfleisch, heillos überfordert, einen solchen Eindringling abzuwehren.

Der Flieger nestelt an seiner Jackentasche. Irgendwie bewundere ich die Geschicklichkeit seiner Finger, die sich ohne Blickkontakt souverän zurechtfinden. Also gebe ich ihm noch einmal Feuer und ahne, dass ich jetzt als Zuhörer gefragt bin. Eigentlich habe ich genug von dieser Mischung aus Selbstmitleid und Selbstrechtfertigung, die immer öfter aus dem Mund von Soldaten tropft, als hätte sich in den Orgien des Siegens ihr Hass aufgebraucht.

„Mein Opa war Jäger“, beginnt er. „Kein Förster im Wald oder so. Sondern aus Jux und Tollerei. Eigentlich Kaufmann, eher klein, bis die Juden ihre Läden an die Herrenrasse verschenkt haben.“ Ich schaue mich um. „Samstags ging es zur Jagd. Er hatte einen Hochsitz gepachtet. Sehen, zielen, treffen. Manchmal wollte er die harte Tour. Bäuchlings im Gebüsch, zugegeben war da eine ganz ordentliche

Polsterung, das Gewehr an der Schulter abgestützt, gewartet, bis so ein Scheißreh auf ein paar Meter herankommt. Ich habe das von ihm geerbt. Unser Auftrag war eigentlich abstrakt: Zerstörung von Nachschublinien, Verhinderung von Geschützansammlungen … Bald fing das an mit den Partisanen. Die Sabotageakte gingen uns auf den Geist. Dort ein entgleister Zug. Hier ein Bauer erschossen, dessen Schweine weiterhin in unserem Gulasch landen sollten. Du kennst das ja. Man musste uns nicht viel erzählen. Wir verstanden die Erweiterung unserer Befugnisse: Aufständische eliminieren. Die Zivilbevölkerung einschüchtern. Also runter vom Hochsitz, den Flieger übers Gebüsch ziehen und Weidmanns Heil."

Wenn er auf ein Weidmanns Dank wartet, wird er nichts von mir hören. Er zieht an seiner Zigarette und tastet mit der anderen Hand nach seinem Verband. „Eigentlich ist das ein verflucht schönes Fleckchen Erde. Bevor wir kamen. Im Morgengrauen einen Fluss entlangfliegen, Jahrtausende ablesen an der Art, wie er mäandert. Angler am Ufer, Rauch aus den Schornsteinen der Katen. Vielleicht ist es gut so, dass ich nichts mehr sehe. Hätte doch einfach immer weiter zerstört."

Er hört in mein Schweigen hinein. Mein halbes Leben lang habe ich Menschen der Bibel gemalt. Manche von ihnen strotzen vor Stolz. Sie fühlen sich wie Helden oder gleich wie Götter. Einige von ihnen bleiben stur bis zuletzt. Manche achten auf die Zeichen und korrigieren sich selbst. Paulus fällt vor Damaskus von seinem Pferd. Petrus weint über seinen leichtfertigen Verrat. Ist der hochdekorierte Pilot neben mir noch ein Nationalsozialist oder hat er begonnen, über seine Jagderfolge zu trauern, über das viele von ihm vergossene Blut? Ich weiß es nicht.

Er bekommt meinen Arm für den Weg zurück auf Station. Wir sind keine Parteigenossen. Seine Orden ehren den Kämpfer in ihm. Meine zwei Auszeichnungen den bei seinen Kameraden Ausharrenden. Vielleicht werden wir irgendwann Brüder, finden uns wieder in dem Zuruf von einem Berg in Galiläa. „Selig sind die Friedfertigen, denn das Himmelreich ist ihrer."

Er hat recht. Das ist ein großartiges Land. Zu den glücklichsten Erfahrungen der letzten Monate zählt, dass ich es sehen durfte. Wirklich sehen. Nicht nur durch die Sehschlitze gepanzerter Fahrzeuge. Nicht nur als schraffierte Fläche in strategischem Kartenmaterial. Nicht nur als Landschaft voller Deckung für den allgegenwärtigen Feind. Ich habe einen kunstsinnigen Vorgesetzten. Als er meine Berufsbezeichnung auf der Stammkarte entdeckt, lässt er mich kommen.

„Na, Kohler, wie wär's?" „Wie wäre was?" „Mal wegzukommen von der Truppe und malen." „Traumhaft wäre das, aber ich weiß, was auf das Desertieren folgt." „Na, na, wer denkt denn an so etwas. Nein, ich meine ‚offiziell', mit Papieren und allem Pipapo? Wissen Sie, ich habe in der

Heimat ein Haus gebaut. Viele Wände sind noch weiß. Es wird eine Zeit nach den Kämpfen geben. Das Großdeutsche Reich. Dann kehre ich heim und will mich erinnern. Mit Stil und Niveau. Durch die Augen eines Malers. Ihre Augen. Solange wir hier stationiert sind, die Wunden lecken, uns aufpäppeln, die Kanonen reparieren, auf die nächste Offensive warten, lasse ich Sie raus. Pinsel, Farben, Papier wird beschafft. Sie dürfen nur eine gewisse Entfernung nicht überschreiten. Wenn ich Sie rufen lasse, packen Sie Ihren Krempel und kommen zurück. Dann machen wir eine Flasche auf und schauen uns Ihre Sachen an. Wenn mir etwas gefällt, ist es konfisziert. Der Rest gehört Ihnen. Kohler, ist das ein Vorschlag?"

Urlaub vom Schlachten. Kein pulsierendes Blut aus einem Bauchschuss. Nicht mehr das sachte Wegnicken des Kopfes, wenn die Seele aus dem Körper aufbricht, keine Schürfwunden von rostigen Munitionskisten – ich nehme an. Wir sind Kühe, die nicht aus dem Stall dürfen. Der Dunst, das Dämpfige, der Dämmer sind längst in unserem Schädel. Da öffnet einer die Stalltür und bindet mich los. Ich trotte ins Freie.

Mit jedem Tag draußen kehrt die alte Lust am Malen zurück. Stundenlang stehe ich mit einer leichten Staffelei irgendwo im Gelände, zeichne, aquarelliere. Ich spüre die Felsvorsprünge und Höhlen, die Ebenen und Hügel, Getreide, Mais, Wein, Sonnenblumen – manchmal ahne ich den Rausch der frühen Impressionisten. Wie in einer

Dressur kamen sie sich vor, angehalten, in den Ateliers ganz akkurat Arrangiertes zu malen, einen Jüngling mit antikem Helm, eine Schale mit Obst, das Äfflein im goldenen Käfig. Dann packt einer seine Malsachen, schultert den Rucksack und fährt in den Wald vor den Toren von Paris. Malen, was die Sonne ihnen zeigt, was der Wind für sie aufwehen lässt! Das spüre ich und noch mehr, bin ich doch ein über die Eindrücke Hinausgehender, ein Expressionist. Meine Farben müssen nicht stimmen, nur stimmig sein für das zwischen der Landschaft und meinen Augen.

Noch sitzt der Korken dieser guten Flasche fest. Sie wandert von einer Hand zur anderen. Vor-Genuss. Dann ein erstes Glas. So gut, wirklich! Ein zweites bringt Euphorie. Was kann denn schöner sein … Beim dritten schüttet es sich schon bedächtiger aus. Langsam schmeckt es nach Abschied. Dann nur noch Tropfen, aber nur nichts vergeuden! Ein Soldat, der malt. Einmalig – oder?

In der dritten Woche verschiebt sich meine Wahrnehmung. Es ist wie nach einer sorgfältigen Rasur. Man muss sich weit über das Waschbecken beugen, um ja keine Haarschnipsel mit den Brusthaaren aufzufangen. Zur Vorsicht bürstet man sie mit ein, zwei Händen Wasser aus. Sie schaffen es doch. Tief unter dem Uniformrock zwickt und juckt es. Alle Versuche durch energisches Hin- und Herschieben des Unterhemds verlagern nur den Ort des Unbehagens. Es kann einen den ganzen Tag plagen, ohne dass es ein richtiges Problem wäre.

Etwas passt nicht zusammen. Dabei bin ich offensichtlich nicht der Einzige mit solchen Privilegien. Da schreibt ein Schriftsteller den Bericht eines Vormarschs. Dort übt ein Streichquartett für einen runden Geburtstag in der Offiziersmesse. Militärs erlauben und ermöglichen Kunst. So neu ist das ja nicht. Die Medicis oder Napoleon, Mächtige als Mäzene und Feldherren, und doch war es etwas anderes. Sie ließen sich Paläste bauen oder porträtieren. Hymnen wurden gedichtet, Konzerte komponiert. Die Sphären waren trotzdem irgendwie voneinander geschieden. Hier das Schlachtfeld, dort die Muße, hier die Taktik, dort die Ästhetik.

Dieser Krieg ist anders. Goebbels hat ihn den totalen genannt. Die Gewalt achtet keine Grenzen mehr. Gesetze und Gebote halten uns nicht auf und nicht zurück. Wenn einige von uns dabei noch Kunst produzieren, ist das wie ein Frühstück im Stehen, eilig heruntergeschlungen, bis es wieder ans Kämpfen geht. Auf alles fällt dieser Schatten, auch auf meine Mittelmeer-Bilder. Dort, wo ich aufwuchs, konnte ein einziges Gemälde an der Wohnzimmerwand etwas Beruhigendes, Besänftigendes ausstrahlen. Nichts davon hier. Wir rauben, plündern, schänden und packen in den Gepäckraum noch einen Stapel Aquarelle. Es waren wunderbare Wochen, ein Geschenk des Himmels, aber ich bin nicht ins Freie durch sie gekommen. Wird dies ein großes Reich, dann kann es keine Freiheit der Kunst mehr geben.

Er flirtet mit ihr. Sie macht das gut. Lässt Amors Pfeile im Nebel der Anständigkeit ihr Ziel verfehlen, einige aber treffen. Wahrscheinlich ist er noch nicht lange mit der Universität fertig. Seine Züge sind fein, auch wenn das Dunkelviolett unter seinen Augen verrät, was er als Lazarettarzt leistet. Schwester Rosemarie wirkt wie eine Sportlerin, der es wenig ausmacht, meistens im Stehen zu behandeln. Eigentlich schäkern sie die ganze Zeit während des Verbandwechsels. Meine Wunde eitert wie wild. Schon nach einem halben Tag sind Mull und Hemd im Schulterbereich ein Morast. Ist er ein guter Deutscher, der heilende, verbindende, lindernde, operierende, Opium verordnende Arzt? Zeigt er das wahre, das wirkliche Gesicht unserer Kultur? Es ist bitter, aber: Wäre das so, er würde nicht mehr leben. Ich habe es mir zu einfach gemacht. Damit muss Schluss sein. Mein Kunst liebender Chef trägt nicht die Embleme der Waffen-SS. Er gehört zur Wehrmacht wie wahrscheinlich schon manche seiner Vorfahren. Wäre es so leicht, die Bösen von den Normalen zu unterscheiden. Genügt es nicht doch, keiner von den Argen zu werden? Wir vegetieren alle in einer Gemengelage, im Grau, im Dazwischen. Je länger ich diesen Krieg sehe, ist sein Grau ein Teil von Schwarz. Nichts anderes.

Der Pilot sprach von den Flüssen und ihren klugen Wegen durch weichen Untergrund, Felsen aber ausweichend. Meine Biografie ist schon längst ein Mäander, dem Maß der Gefahr angepasst. In den frühen Dreißigerjahren soll ich für drei Stifterfamilien ein kleines Fenster gestalten. Sie sind national erweckt, glühen für den Führer – und ich setzte ein Hakenkreuz in das Glas. Jahrhunderte dieser Kunst entehre ich damit, ich pinkle denen in den Rücken, auf deren Schultern ich sitze.

Dann kommt die Reichsgartenschau 1939 nach Stuttgart, der Stadt, in der wir leben. In einem noblen Raum auf dem Gelände soll ich die Wandfläche über einem breiten Kamin ausmalen. Embleme kann ich vermeiden. Die fünf Kontinente lasse ich durch fünf Menschen verkörpert sein. Diese Allegorien sind kein Meisterwerk, zum Glück aber auch keine Propaganda. Und doch wirke ich mit an der Schande dieser Inszenierungen wie der Olympiade in Berlin. Auf dem Stuttgarter Killesberg tummeln sich nicht nur Flamingos im großen See, abendlich erhellt. Eine riesige „Ehrenhalle des Reichsnährstandes" haben sie dort aufgezogen. Den monumentalen Metalladler umrahmen ihre Fahnen. Manchmal finden wir eine Nische. Doch sie gehört auch zu dem Haus des Schreckens. Schon lange ist es auch kein Korridor des Gewissens mehr, für die Kirche zu malen. In ihren Vorständen lauern überall „Deutsche Christen". Szenen aus dem Alten Testament sind ihnen verpönt.

Hätte ich Richard nicht, vielleicht wäre ich vor ihrem Auftragskorb in die Knie gegangen. Meine liebe Schwester konnte gar nicht ahnen, welchen Schatz sie da geheiratet hat. Als Wolf-Dieter unterwegs war und niemand die Muse eines Malers mit dickem Bauch wollte, haben sie ihr Pfarrhaus geöffnet.

Wann immer ich es kann, verabrede ich mich mit Richard, bevor ich etwas entwerfe. Er will wissen, was mir widerfährt. Dann sitzen wir über dem Buch der Bücher, suchen Verweise, deuten die Symbole, tasten nach der Wahrheit. Was kann ein Kunstwerk denen erzählen, die vielleicht eine Stunde in der Woche mit ihm Blickkontakt haben, danach aber ihren judenfreien Alltag arrangieren? Das Dienstzimmer im ersten Stock lässt die Zeit vergessen. Nur die Kinder unten können es kaum erwarten, bis ihr Vater noch ein kurzes Gebet spricht und der Onkel endlich heruntersteigt. Zum Glück ist er nicht so in Gedanken. Das Kasperletheater haben sie schon aufgebaut. Dahinter verschwinde ich, gehe auf die Knie und schlüpfe in die Rollen. Sie johlen, kreischen, um dann wieder ohne Regung den Auftritt eines bösen Wesens zu überstehen. Einmal erschrickt eine goldige Tochter so sehr, kippt aus ihrem Stuhl, purzelt unter den Tisch und kommt mit einem blutigen Mund wieder hervor. Statt in die Küche zu rennen, will sie nur, dass ich sie ein wenig tröste.

In diesem Haus komme ich mit der Bekennenden Kirche in Berührung. Erst langsam verstehe ich, wie schwierig ihr Wirken ist. Fluchtrouten für Verfolgte sind das eine. Die Lockerung der Bindungen des Gewissens das andere. Der Eid auf Hitler ist eine fast uneinnehmbare Festung. Es sind Operationen am offenen Herzen, bis jemand wieder glaubt, eigentlich nur einem verpflichtet zu sein: dem Juden Jesus.

Das mache ich sonst nicht, aber heute klopfe ich an die Tür des Schwesternzimmers. Rosemarie hat immer noch Dienst. „Ist der Verband schon wieder durch?“ „Nein, zum Glück, der nette Arzt und Sie haben das gut hingekriegt. Danke.“ „Womit kann ich dann helfen?“ „Etwas gegen die Schmerzen, bitte.“ „So schlimm?“ „Es ist die Lage der Wunde. Die Schulter reagiert auf den leisesten Druck. Hinlegen geht nicht. Schlafen deshalb auch kaum. Dabei bin ich ein erfahrener Nachtwächter.“ Sie lächelt. „Das habe ich gehört. Tagelanger Dauerbeschuss und Sie beschützen Kameraden.“ „Wenn man das könnte. So viele sind trotzdem getroffen worden. Hier höre ich keine Schüsse mehr. Ich fange an, mich vor der Schlaflosigkeit zu fürchten.“ „Das soll in einem deutschen Lazarett nicht sein. Nachher spreche ich mit Doktor Kilian und bringe Ihnen dann etwas. Versprochen.“

„Danke, Schwester. Wartet jemand auf Sie? Ich meine: daheim?“ Sie kann nicht meinen, dass ich etwas vorhabe, bringt sie mir doch den Feldpostbrief von Lise, wenn er durchkommt. „Wieso? Vielleicht, was meinen Sie?“ „Vorhin, beim Verbinden, der Ring an der Hand des Arztes.“ Mit einem Ruck ist die Tür zu.

Wie viele Briefe habe ich schon geschrieben an Verliebte, an Verlobte, an Ehefrauen, die offizielle Nachricht mit einigen Sätzen versehen, die letzte Stunden schildern, nicht nur den Tod selbst. Gelogen habe ich nicht und nicht die Wahrheit gesagt. Der Krieg ist nicht zu Ende, wenn nicht mehr gekämpft wird.

Immer sind wir auch dort, wo die Liebsten sind. Ihr Überleben ist mein erstes, mein einziges Ziel. Darin besteht mein schwerer Kompromiss. Längst habe ich damit angefangen, zu mäandern. Wenn ein Gegner mich tötet, wird es so sein. Den Alltag des Soldatischen aber kann ich etwas beeinflussen. Deshalb lasse ich mich zum Hofmaler machen, wenn sie es wollen, pinsle die Wände im Berliner Haus der Lehrgänge neu. Darum versehe ich das seitenlange Versepos „Die Kriegsgeschichte der 12. Kompanie" mit Zeichnungen vom Alltagsleben des Soldaten, von der Gulaschkanone und dem Latrinendienst, den Schießübungen und dem Schäferstündchen. Ist Humor ein besonderes Gestein, weicher und Wärme ausstrahlend? Darf ich meinen Fluss daran anpassen und ihnen vielleicht eine Freude machen, einen Moment des Lachens, als wären sie in ihrer Dorfschenke?

Konstanz liegt am Bodensee,
wer's nett glaubt, geh selbst und seh!
Dieser Spruch von alters her
ist mitunter schicksalsschwer.
Denn im schönen Monat Mai,
s'war im Jahre einundvierzig,
kam als spätes Osterei
auch der Osterhase irrt sich
unsere Zwölfte dort zur Welt
und schlug auf ihr erstes Zelt.

Sind das die wichtigen, die richtigen Erinnerungen?

In punkto Liebe ist vieles passiert,
daß mancher sich heute noch etwas geniert.
Mädchen gab es so hübsche und nette,
so die Colette und die Jeanette.

Wir nehmen uns auf die Schippe, zärtlich fast, als könnten wir vergessen, was uns zusammenhält.

Unerwähnt woll'n wir nicht lassen
jene edle Bläserschar,
die dazu erlesen war,
sich mit Blasen zu befassen.
Jeder, der schön tuten kunnt,
tat damit sein Können kund,
dass er morgens in der Früh
schmetternd weckt die Kompanie
und des Abends steinerweichend
gab das Zeichen zapfenstreichend.
Doch nicht jedem, wie ihr wisst,
diese Kunst geläufig ist.
So ward, was sie blasen kunnten,
selten als Musik empfunden.

Die Menschen in diesem besetzten Land brauchen eine mutige Hand an der Verschraubung von Bahngleisen, bei der Verunreinigung von Munition, am Kartentisch für eine flüchtige Skizze unserer Truppenbewegungen. Vielleicht ist dann eine Dorfschule gerettet, eine Kathedrale mit Ministranten, ein Jugendorchester. Wie kann ich diese Kinderaugen gegenrechnen zu den Blicken von Karin, Ute, Falk und Wolf-Dieter? Ich habe mich für sie entschieden. Da ist etwas vor dem Entscheiden. Es fing an mit meiner Hand auf Lises Bauch, den Strampelnden spürend unter dem mütterlichen Gewölbe. Für sie bin ich noch hier, so wie ich bin. Vielleicht werden sie sich einmal meiner schämen. Warum hat er nicht gegen das Böse gekämpft? Sie haben recht.

„Kann sich der feine Herr heute noch zu einer Wahl bequemen? Wir haben nicht ewig Zeit." Der kleine Kiosk im Klinikgelände öffnet nur eine Stunde am Nachmittag. Hinter mir hat sich schon eine Schlange gebildet. Alle sind lädiert, haben Schmerzen, keiner wartet gerne. Mein Geld reicht nur für eines von beidem: die Schachtel Zigaretten, die der Pilot schätzt, oder eine Dose Tabak für meine Pfeife. Ist meine Anhänglichkeit absurd? Was soll es. Minuten unter einem alten Baum einen uns, nicht die Gesinnung. Wer weiß, wo wir in einer Woche sind.

Heimatlos

Sie nennen es Heimaturlaub. Der Begriff hat etwas Zynisches. Normalerweise bemisst sich die Qualität von Ferien auch in der Distanz zu allem, was Alltag bedeutet: weg von den Pflichten. Das Unerledigte nicht mehr täglich sehen. Lange Aufgeschobenes noch einmal zurückstellen dürfen und aufbrechen. Für uns ist es genau umgekehrt. Wir sind in eine Dauerdistanz zu allem gezwungen, was nach Heimat klingt und riecht und schmeckt. Der Krieg beurlaubt mich. Zwei, drei Tage mit den Liebsten, mehr gewährt er nicht. Niemals kann daraus eine wirkliche Heimkehr werden. Einen Schlüssel für unser Zuhause habe ich schon lange nicht mehr.

Die Nächte fühlen sich an, als schlafe ich in voller Montur mit Stiefeln und Helm. Der Kopf findet buchstäblich kein Zimmer, in dem nicht Tote sitzen, liegen, kauern, auf mich warten. Erinnerungen kann man nicht waschen. Meine ganze Kraft richtet sich darauf, die Gleichzeitigkeit der Idylle und des Schreckens auszuhalten. Wir teilen die Unterstände mit Ratten.

Jetzt will ich glauben, dass Zwerge in der Nacht die Weihnachtsstube versiegeln und mit einem Glanz verzaubern. Anis, Mandeln, Zimt, diese Aromen sind genauso wahr wie der Brandgeruch in den kurz zuvor noch bewohnten Häusern. Auf der Fensterbank dampft ein Räuchermännchen aus dem Erzgebirge vor sich hin. Der Herrnhuter Stern mit seiner komplexen Einfachheit ist einfach nur schön. Keinen Bombern weist sein Licht den nächtlichen Weg zu wehrlosen Zielen. Wie ein Tier schiebt er seine Stacheln in den Raum. Hell genug sind seine Strahlen, die Sterndeuter aus dem Orient wachzurütteln und bis nach Bethlehem zu bringen.

Die angstgetränkten Blicke der Zivilisten brennen sich unauslöschlich in uns ein. Hier staunen mich die Augen der Kinder an. Sie flüstern verlegen, verstecken ihre Vorfreude unter dem Deckmantel einer Reife, die eigentlich niemand braucht. Ihre Probe mit den Blockflöten bringt mich seit Langem einmal wieder zum Lachen. Entsetzt schauen sie auf. Dann schütteln wir alle uns. Karin vertraut mir an, sie würde am liebsten den Zeiger der Uhr heimlich nach vorne drücken. Ich komme mir so arm vor. Im Rucksack sind einige Tafeln Schokolade, zwei kleine Wollfrösche für die Zwillinge, Kohlestifte für Dieter, ein Zinnsoldat aus napoleonischer Zeit für Falk, eine Lavendelseife für Lise. Aber ich habe nichts gebastelt, nichts geschnitzt, nichts ausgetüftelt als Spielzeugunikat. Wie ein Urlauber komme ich in die Familie, zu einigen kleinen Mitbringseln hat es gereicht. Vielleicht haben sie sich schon daran gewöhnt, dass ihr Vater, ihr Mann ein Gast ist.

Der Advent und die Wochen davor, für Lise waren sie hart. Das Fieber wollte sich einfach nicht aus dem kleinen Körper zurückziehen. Wie oft schlief sie wachend am Bett des Patienten ein. Zwillinge, das heißt auch zwei Erstklässlerinnen:

zwei Paar Schuhe, zwei Ranzen, zwei Schultüten… Der liebe Gott hat uns mit doppeltem Glück beschenkt, zwei Mädchen unter unserem Dach zu haben. Nur heißt das eben auch: alles doppelt.

Wie schafft es meine Liebste nur, die Erschöpfung auf der Schwelle zum Weihnachtszimmer zu verabschieden? Die letzten Vorbereitungen gelingen ihr in dem ruhigen Zeitfluss wie das goldgelbe Wasser der Moldau im Abendschein später Sonne. So konzentriert und beschwingt habe ich sie oft auf der Bühne gesehen. Sie schien zu schweben, aber nicht elfengleich, sondern mit dem geschulterten Gewicht des Daseins. Wir bedrücken mit unseren Tritten in den Schaftstiefeln die Erde und uns selbst. Mit jedem Kampf scheinen sie schwerer zu werden. Hier bin ich staunender Zeuge eines Tanzes zwischen Tannenbaum und Notenständer, Briefkasten und Backofen. Ich liebe diese zärtlich starken Hände, das Dunkel ihrer Augen, die Leichtigkeit ihrer Neigung zum Boden, wo irgendein Papierschnipsel jedem Besen erfolgreich entgangen war.

Falk zieht mich in eine Ecke seines Zimmers. Der Vorhang reicht fast bis zum Boden und bewacht seine Sammlung eines Jahres. Er hat seine Kostbarkeiten in Sicherheit gebracht. Wenn das nur ginge… Aber das ist mein altes Wissen. Sein Feuer, Dinge zu sammeln und sie zu beschützen, das ist schön. Die Angst vor einem Verlust treibt ihn nicht ins Unsinnige. Er ist ein König. Sein Reich wächst. Er sorgt gut für das ihm Anvertraute.

In meinen Fresken soll jeder einen eigenen, unverwechselbaren Kopf haben: der bärtige Intellektuelle, die Frau mit dem Neugeborenen, der Schlagbereite, die Sehnende. Gesichter sind das größte Rätsel dieser Welt. Auf dem etwas ausgeleierten Sessel in der Weihnachtsstube sitzend, müde, leer und übervoll, ahne ich: Das gilt nicht nur für Erwachsene. Das Antlitz eines Kindes vereint so vieles, was der ganzen Menschheit gehört. Ute und Karin, überpudert vom Mehl der letzten Bäckerei, bäuchlings einen Staubfaden zum Hochseil eines unsichtbaren Akrobaten erklärend, auf Zehenspitzen mit Nasenspitzen auf dem kalten Fensterglas dem dichter werdenden Schnee lauschend. Noch brennen keine Kerzen. Dämmer verbirgt meine Tränen. Ich bin ein glücklicher, ein glückloser Vater. In einen Bottich voller Liebe steige ich in diesen Stunden. Der Krieg geht nicht ab. Doch ich spüre ihn nicht mehr so stark.

Am Tag nach dem Heiligen Abend liegt der kleine Lederkoffer offen auf meinem Bett. Manches bette ich darin wie einen Schatz: Wollsocken, Schwarzwälder Schinken, neue Pinsel, einen Selbstgebrannten, eine Dose mit Weihnachtsgebäck, drei Bücher in dem kleinen Format für die Hemdtasche. Sie begleiten mich zum Bahnhof. Ist das eine Märklin-Eisenbahn? Wird der Zug losfahren, eine Runde drehen und dann wieder einlaufen? Ihr Winken ist echt und die Tränen sind kein Spiel. „So leben wir und nehmen immer Abschied“, Rilke hat gerade in diesen Jahren so recht! Leichter aber wird eine erneute Entfernung voneinander dadurch nicht. Im Schullandheim kann auch etwas Schlimmes passieren. Die Kur an der Ostsee macht die Gefahren des Meeres groß. Bahnhöfe sind immer auch Herde, auf denen die Angst überkochen kann. Doch eine solche Abreise hat ihre eigene Unausweichlichkeit. Je länger dieser Krieg währt, desto wahrscheinlicher wird ein Brief, der den Heldentod der mit mir Reisenden, der meinen eigenen berichtet. Meistens bleibt es dann bei einem kleinen Konvolut letzter Dinge. Die Söhne selbst, die Männer, die Väter, sie werden irgendwo verscharrt, verbrannt, vergessen.

Mit anderen Uniformierten stehe ich am Fenster im Gang des Wagens. Weiter hinten rasten die schweren Schiebetüren der Frachtwaggons ein. Der schrille Pfiff, ein anfangs kaum merkliches Ruckeln, die Lok nimmt Fahrt auf und zieht uns aus dem Feierkreis von Kerzen und Kuss, Schneeballschlachten im Neuschnee und dem Weihnachtschoral in der fast dunklen Kirche. Wie jedes Jahr habe ich den Lieben im Schein der Kerzen die Weihnachtsgeschichte vorgelesen. Ich hatte mir vorgenommen, es nicht zu ernst werden zu lassen, und las doch weiter als sonst. Da kommt noch der wache Traum, ein nächtlicher Aufbruch nach Ägypten, in die Ferne und Fremde, die doch Sicherheit verspricht.

Mir fallen beim Lesen Bilder dieser Szene ein. Viele Maler vor mir haben sie gestaltet. Maria hält den Säugling. Beide sitzen auf einem durchaus eigensinnigen Tier. Doch der Esel lässt sich offensichtlich widerspruchslos von Joseph führen.

Er macht das Richtige, konzentriert sich auf das Naheliegende. Für mich ist er ein Heiliger des Alltäglichen. Sicher hat er im Olymp der Verehrungswürdigen keinen Spitzenplatz. Er verzichtet darauf, die Zusammenhänge zu verstehen. Ihm genügt, den nächtlichen Engel nicht für eine Imagination seines ängstlichen Gemüts zu halten. Das ist stark.

Vor einigen Jahren wusste ich eigentlich noch nicht, was Flüchtlinge sind. Dann begannen die endlosen Schlangen am Straßenrand. Unsere Militärfahrzeuge hupen, manchmal weichen sie den stecken gebliebenen Leiterwagen aus, ein andermal fahren sie sie einfach zusammen. Koffer liegen aufgeplatzt. Diese Intimität hat mich immer beschämt. Unterwäsche verstreut sich neben Handarbeiten und kleinen geschnitzten Kisten für den Schmuck. Selten nur sind die Fliehenden als Familie auszumachen. Sie wurden getrennt, auseinandergetrieben, zerstreut. Wie Pfeile schnellen Rufe über die Köpfe. Die Hoffnung ist stark, so den Vermissten doch noch zu erreichen. Nichts zu hören scheinen die wie in Zeitlupe Gehenden. Ein Totes liegt in ihrem Arm. Für einige Kilometer wird ihre Kraft noch reichen. Dann betten sie es in einen dunklen Hauseingang oder in das hohe Gras am Saum ihres Weges.

Auf diesen ersten Kilometern ist noch eine Idylle zu sehen. Kleine Städte wechseln mit Dörfern. Lange Passagen durch dunkelgrüne Tannenwälder münden in Lichtungen. Eine Gruppe von Menschen schart sich um einen Liegenden. Links von ihm ein langer Tannenstamm mit geschälter

Rinde und gekappten Ästen. Dieser Landstrich voller Wald zahlt einen hohen Blutzoll für die Holzwirtschaft. Kaum eine Familie hat nicht schon Verstümmelungen, Amputationen, ja sogar den Unfalltod eines nahen Menschen zu beklagen gehabt. Rote Spuren auf dem Schnee, auch das ist die Heimat, von der ich mich Kilometer um Kilometer entferne. Die meisten Mitfahrenden dösen. Zu kurz waren die Nächte, zu intensiv der Versuch, all das Versäumte und Vermisste nachzuholen. Einige verkosten die Leckereien, die ihnen eine Braut, eine Frau, eine Mutter eingepackt hat. Das Schaukeln des Waggons trägt mich zurück in die Erinnerung an eine Bahnfahrt kurz nach dem Weihnachtsfest 1941. Das Glück des Naheseins lässt meine Wangen glühen. Nicht alles ist schon wieder vorbei. Einen Schatz trage ich mit mir.

Ich ziehe aus der Innentasche meiner Jacke einen Stapel Papiere und falte sie auf. Den ganzen Morgen schon freue ich mich auf diesen Moment. Jetzt ist es endlich so weit. Dieter hat den ganzen Text auf der Schreibmaschine getippt. Bestimmt hat er die Sätze zuerst mit der Hand geschrieben – an langen Abenden, an Wochenenden, nachts. Die Erzählung hat eine Struktur. Er kann die Personen im Blick behalten. Auf die bildende Kunst übertragen verspricht dies Fähigkeit, große Fläche narrativ zu gestalten. Was sind das für Gedanken. Er ist dreizehn Jahre alt. Seine Geschichte hat nur ein Wort als Titel. Es ist kein Name, sondern ein Zustand, mehr noch, eine Erfahrung: *Heimatlos*. So sitze ich in einem ratternden Zug. Die vielen Kurven verlangsamen ihn auf ein Maß, das die Landschaft noch sichtbar sein lässt. Die ersten Sätze, stehen sie wirklich nur auf dem Papier?

Grauschwer legt sich auf die verschneite Landschaft ein Schleier nieder. Die Bäume des nahen Waldes stehen gebeugt unter der glitzernden Last. Schwarz beschattet werden die Felder vor dem Waldesrand. Am Himmel umwallt ein weisser, durchsichtiger Nebel das goldgelbe Blinken der ersten Sterne. Alles liegt träumend unter dem kristallenen Funkeln des Schnees, der jetzt einen unheimlichen Schatten trägt.

Wenige Sätze nur, aber sie lassen den Leser in einer Natur ankommen, die nur schön sein könnte, es aber nicht ist. Anderes deutet sich an, Dumpfes, Dunkles, Bedrohliches, oder sind dies nur Schatten und leichte Beute des Lichts?

Vor dem dunklen Innern des Waldes hebt sich ein glimmendes Feuer rötlich ab. Seitlich der brennenden Reste steht ein alter und mitgenommener Wagen. Die Fenster des Wohnwagens sind von einem flackernden Schein erleuchtet. Neben dem Wagen treten unruhig zwei stampfende und schnaubende Rosse hin und her, mit denen ein Mann beschäftigt ist. Der Mann wirft den Pferden Decken über ihre zuckenden Rücken. Dann kämmt er ihre krausen Mähnen.

Fragil wirkt dieses Zuhause, zerbrechlich. Dauer gehört nicht zu seinem Wesen. Statt eines Fundaments hat dieses Haus Räder. Nirgendwo und nirgends zeichnet sich ein Bleiben ab. Bäume graben sich mit ihren Wurzeln im Waldboden fest. Gelingt das, werden sie dem Wandel der Jahreszeiten trotzen. Ein Schluchzen zieht den Mann ins Wageninnere. *„Er öffnet die quietschende Tür – und sieht: Sein Weib, die Hände in die Schürze verkrampft und ans Gesicht gedrückt, bitterlich weinen."*

Was hat mein Sohn gesehen, um eine solche Szene zu schreiben? Weinend erklärt die Frau ihrem ohnmächtig trösten wollenden Mann: *„Ich – mir fehlt eine Heimat – eine Heimat zum Ausruhen – zum Lieben. … Wir müssen immer ziehen, weiter ziehen – ohne Ruh' – immer fort."*

Ihr Mann hat keine Antwort parat, oder doch, seine ureigene. Auf der Bank liegt seine Geige, er setzt sie an und spielt ihr eine tröstende Weise. Sie erinnert an die Welt, den Urgrund, die Wahrerin auch des Glücks. *„Wir legen uns in ihren Schoss,/Denn wir gehören nur ihr allein./Drum' hör' doch auf zu weinen,/Es kann doch nicht immer Sonne scheinen,/Muss auch einmal regnen./Lass Dir doch nicht dies so hart begegnen,/Komm lache und sei froh."*

Die Stimmung der Mutter hellt und heitert sich auf. Eine lange Rückblende lässt ihr bisheriges Leben sichtbar werden: Geboren in eine Familie fahrender Leute, verliert sie mit acht Jahren die Mutter und wenig später auch den Vater. Eine Gruppe von modernen Nomaden nimmt sich ihrer an. Das Mädchen ist fortan mit ihnen unterwegs und wächst mit dem Sohn der Familie, Urlan, zusammen. „*So wuchsen sie heran, immer unter dem Eindruck des Wanderlebens und des heimatlosen Menschen.*" Ihre Liebe wird erwachsen. Dann kommt ihr Sohn Wulf auf die Welt. Die Geburt und der frühe Tod seiner Schwester wird „*ihr unglücklichstes Erlebnis*". Ein „*Zigeunerlied*" beschreibt ihr Lebensgefühl:

Ziehen, gehen ohne Ruh'
durch Wald und Feld.
Wandern, wandern immerzu
durch die weite, weite Welt.
…
Heimatlos, wie das klingt,
verstossen, immer vertrieben.
Mir vor Heimweh fast das Herze springt.
Nichts, nichts hab ich zum Lieben.

In einem ländlichen Bahnhof hält unser Zug. Einige Frauen bringen Körbe mit Brezeln, öffnen die Abteiltüren und schenken uns das salzige Gebäck. Zwei Pfiffe, der erste mahnt sie zum Aussteigen, der zweite bringt den Zug wieder in Fahrt. Alles nehme ich nur schemenhaft wahr. Meine ganze Konzentration gilt den Blättern auf meinem Schoß. Ist es ein Zufall, dass der Name des Ältesten so verwandt ist mit dem Namen unseres Erstgeborenen? Nein. Der Stolz, mit dem er zwei erlegte Hasen seiner Mutter bringt, ist manchmal bei Wolf-Dieter zu spüren, wenn er es irgendwie schafft, eine Sonderration zu ergattern oder ein kleines Kunstwerk mit roten Wangen überreicht. Wie wichtig ist es dann, dem Jungen einen Raum zu öffnen, in dem Inneres Sprache werden kann.

Die Eltern in seiner Geschichte sitzen einfach da und schauen ihn „*erwartungsvoll*" an. Das ist ja das Quälende meiner dauernden Abwesenheit, kein Auge und kein Ohr für ihn und seine Geschwister zu sein. Miniaturen des Besonderen bleiben so ungeteilt, anders als Wulf, der erzählen kann:

Ach, der Wald ist ja heute so schön, noch nie habe ich seine Pracht innerlich so reich empfunden. Ich dachte gar nicht mehr an das Jagen, so war ich in seine Traumwelt versunken. Es war alles so unberührt, wie in einem himmlischen Paradies. Jeder Schritt in den Schnee gab mir einen neuen Ton zu der Musik, die in mir ausbrach. Da dachte ich auch an uns Zigeuner, wir sind arm, aber trotzdem vielleicht die reichsten Menschen.

Was dann geschieht, ist so eigentümlich und zugleich so sinnbildlich. Mein Sohn porträtiert einen Jungen, wie er selber einer ist. Trotz der Härte seines Alltags ist seine Innenwelt voller Schwingungen und Empfindungen. Diese kleidet er in Worte. Doch er geht einen Schritt weiter: Er

Walter Kohler
Der Kampf Michaels mit dem Drachen
1934–1940 · Fresko, Evangelische Kirche Hohenstaufen
Detail der monumentalen Wandmalerei „Das große Weltgericht"

Die Skizze des Künstlers verweist auf Offenbarung Kapitel 12, Vers 7ff.: „*Und es entbrannte ein Kampf im Himmel. Michael und seine Engel kämpften gegen den Drachen. Und der Drache kämpfte und seine Engel. Und sie siegten nicht und ihre Stätte wurde nicht mehr gefunden im Himmel. Und es wurde hinausgeworfen der große Drache, die alte Schlange, die da heißt: Teufel und Satan, der die ganze Welt verführt, und er wurde auf die Erde geworfen und seine Engel wurden mit ihm dahin geworfen. Und ich hörte eine große Stimme, die sprach im Himmel: Nun ist das Heil und die Kraft und das Reich unseres Gottes geworden und die Macht seines Christus; denn der Verkläger unserer Brüder ist verworfen, der sie verklagte Tag und Nacht vor unserem Gott. Und sie haben ihn überwunden durch des Lammes Blut und durch das Wort ihres Zeugnisses und haben ihr Leben nicht geliebt bis hin zum Tod. Darum freut euch, ihr Himmel und die darin wohnen! Weh aber der Erde und dem Meer! Denn der Teufel kommt zu euch hinab und hat einen großen Zorn und weiß, dass er wenig Zeit hat.*"

Ein Bildkonzept, ausgehend vom finalen Gericht über das ethische Verhalten jedes Menschen, stellt in dieser Hochphase der nationalsozialistischen Machtentfaltung eine mutige Standortbeziehung dar. Der Betrachter verlässt den Raum mit der Frage nach seiner eigenen Haltung.

Walter Kohler

Mann mit Blume

Undatiert · Miniaturmalerei · Aquarell

transzendiert sie in Kunst. In der Erzählung heißt es, an die Eltern gerichtet:

Und nun will ich Euch mein Erlebnis auf der Geige spielen. Stille herrscht im Raum. Wulf ist aufgestanden und sucht nach seiner geliebten Geige. Nachdem er sie gestimmt hat, geht er an das kleine Fenster, öffnet es und spielt in die eben hereingebrochene Nacht hinaus.

Was deutet er damit an? Wohin wird ihn das führen? Ist auch er einer, der verwandeln muss, Steine in Klangwellen, Schreie in Lieder, Blut in die Glut eines durchlichteten Glases? Er ist ein Bub. Scheu überreicht er Lise und mir sein Geschenk, bittet, wir sollen es ohne ihn auspacken. Manchmal wirft der Alltag einen gnädigen Schutzmantel über die offenen Fragen. Wir decken den Tisch für das Weihnachtsessen. In der Geschichte kümmern sich alle um die Zubereitung einer wärmenden Mahlzeit. Es könnte eine Auszeit der Sorgen werden. Wulfs Schwestern kehren in die Behelfsheimat zurück. Im Dorf erfuhren sie Befremden, ja Ausgrenzung. Dann wird an die Tür gehämmert. Vier verschneite Männer fordern die Familie auf, bis zehn Uhr am nächsten Morgen den Ort zu verlassen. So hat es der Dorfrat beschlossen. Rechtzeitig zum Christfest wollen sie ein reinrassiges Anwesen ohne störende Fremde.

Ich stutze und lese die Szene noch einmal. Wir haben in diesem sich neigenden Jahr deutlich mehr von Säuberungen gehört als im Jahr davor. Seit 1933 verschwinden immer wieder Menschen. Kommunisten und Sozialisten schon sehr früh. Dann ab und an ein Pfarrer, ein Ordensbruder, ein Polizist, der seine Mitarbeit ablehnte. Mit dem Krieg scheint sich alles nochmals gewandelt zu haben.

Manchmal muss ich an das Meer denken. Ich schwimme unglaublich gerne. Vorsicht kenne ich dabei kaum. Einmal bin ich in einen Seitenstrudel geraten. Erst fühlte sich das Wasser in der Tiefe merkwürdig an. Dann spürte ich eine Bewegung, schließlich den Sog. Eine Kraft griff nach mir. Werde ich schwach, geht es nach links und dann in einen Abgrund. Unser Land scheint solche Sogpunkte zu schaffen. Bestimmte Menschen zieht es aus ihren Häusern, ihren Familien, ihren Arbeitsbeziehungen. Manche stemmen sich dagegen an und sind dann doch verschwunden. Wir besetzen ein Land nach dem anderen. Manchmal bin ich direkt dabei. Neue, andere Einheiten fallen mir auf. Ihre Uniformen haben andere Farben. Ihre Hierarchien scheinen neben den Rangordnungen des Heeres zu wachsen. Sie kämpfen nur selten und sind doch beschäftigt. Wir sehen ihre Lastwagen, deren Ladeflächen leer sind. Wir hören Trillerpfeifen, urplötzlich, nachts, nur ein paar Gassen entfernt. Es scheint einen zweiten Krieg zu geben, nur nicht gegen bewaffnete Gegner, sondern gegen Menschen mit irgendeinem störenden Merkmal. Wie das fahrende Volk in Dieters Erzählung.

Nackte Angst und Kummer erfassen die Bedrohten in der Geschichte. Nur ein paar Stunden Aufschub gibt man ihnen. Sie sitzen beisammen. Der Vater erzählt von einer denkwürdigen Nacht, die er als Achtjähriger erlebte. Nach einer Hetzjagd damaliger Peiniger ist dessen Vater todkrank. In einer nahen Stadt kann der Junge Heilmittel erstehen. Auf dem Heimweg sieht er eine festlich erleuchtete Kirche und einen Weihnachtsbaum. Eine Passantin erzählt ihm den biblischen Kern dieses Heiligen Abends. Eine Gegenwelt entsteht, das schutzlose Paar vor den abweisenden Türen Bethlehems fesselt die Zuhörer.

Dann geschieht das Radikale, das Unfassbare. Wulf hatte lauschend das Gewehr seiner erfolgreichen Jagd gereinigt und darüber die letzte Kugel vergessen. Sie löst sich und verletzt ihn tödlich. Die Verwundeten, bei denen ich kniete, saß, deren verkrampfte Hand ich hielt, deren letzten Hauch ich auf mir spürte, ich kann sie nicht mehr zählen. Nie habe ich davon erzählt. Nun tut es mein Ältester. Er versteht die Ohnmacht und das Erschrecken, die Schreie und das Verstummen. Jäh bricht diese Katastrophe in den gestundeten Schutzraum der kleinen Familie ein. Nichts wird mehr sein, wie es einmal war. Umso erstaunlicher, das Leitmotiv noch einmal aufzugreifen, als sei eine andere Wirklichkeit in diesen Momenten des Abschieds und der Vertreibung aus dem Leben präsent:

Die Mutter fährt mit ihrer zitternden Hand über Wulfs Stirn. Wulf – ist ihr einziges Wort, das sie schreit. Der Vater nestelt an Wulfs von verkrampften Fingern überspannter Brust planlos herum. Die Kleinen stehen starr vor Schrecken um sie. Da schlägt Wulf die Augen auf, wie sie glänzen, wie sie leuchten, in ihnen spiegelt ein Glück. Schwer öffnet sich sein Mund: Ich – i –ha – abe sie gefun–den –die Hei – mat –. Röchelndes Atmen. … G – u – t – e N – a – c – ch – t. Ein Zittern durchfährt seinen Körper. Langsam neigt sich sein Kopf auf die Seite. Dann schreit es noch einmal in grösstem Schmerz, in höchster Verzweiflung – Wulf ––! Schauernd durchdringt dieser Schmerz die Totenstille. …

Der Tote wird im Schnee gebettet und nächtlich von Windböen zugeweht. Das unerbittliche Gebot der Vertreibung zwingt zu einem Abschied ohne Feier. Kalter Nebel umgibt die Fliehenden. Mit einer Strophe endet die Erzählung:

Ach, was ist der Tod.
Nicht er einmal lässt die Ruh',
sondern treibt weiter die Not,
wandern, wandern immerzu …

Drei Jahre sind seitdem vergangen. Oder waren es dreißig? Manchmal sehe ich im Spiegel einen alten Mann mit wunden Augen. Wir sind heimatlos geworden in der eigenen Biografie. Der Zug hat das Schwabenland längst hinter sich gelassen. Auf den großen Bahnhöfen werden Waggons abgekoppelt. Andere kommen hinzu. Wir haben uns an solche Abläufe gewöhnt. Die Organisation ist gut entwickelt.

Selbst die versehentlich irgendwo Gestrandeten werden ein, zwei Tage später zu ihrer Einheit gelotst. Die beschriebenen Blätter hatte ich damals wieder zusammengelegt, ein Schatz aus Buchstaben. Wir fuhren, hielten, fuhren, gleißendes Mittagslicht, dann der unmerkliche Dämmer. Auf meinen Knien lag die Titelseite. „*Heimatlos*". Am unteren Rand dann in einer gleichmäßigen Handschrift die Widmung:

Meinen Eltern, meinen lieben;
Hab ich dies allein geschrieben.
Weihnachten im Kriege. 1941.
Euer Wolf-Dieter.

Fünf Gramm Liebe

Hier im Süden hat der Sommer einen langen Atem. Erde und Stein sind gesättigt von Wärme. Die Tage werden fast unmerklich kürzer. Nur an den Verfärbungen der Blätter wird mir bewusst, dass schon wieder der Herbst begonnen hat. Einen Baum sehe ich von unserer behelfsmäßigen Unterkunft ohne Mauer oder irgendein Trümmerstück dazwischen. Gelb färben sich die Spitzen der Blätter, dann werden sie wellig und rostbraun. Viele Tage bleiben sie hängen. Dann muss es einen heftigen Windstoß gegeben haben, irgendwann in der Nacht, jetzt ragt ein fast kahler Stamm auf. Fast im Kreis liegen die Blätter auf der krustigen Erde.

Auf einmal sehe ich in ihnen Briefumschläge, braun, beige, sandfarben, bläulich, alle dünn und übersät von Stoßkanten. Feldpostbriefe sind es, Gespräche in fliehender Schrift, gefaltet, zugeklebt, adressiert, oft mehrfach gestempelt und irgendwann zugestellt. Ich war nie ein großer Briefschreiber. Ansichtskarten sind mir lieber gewesen. Oder selbst gezeichnete Karten wie die aus Berlin, als ich unter dem Brandenburger Tor stehe und die Nachricht des ersten Preises im Arm halte. Am schönsten ist es für mich, wenn die Augen miteinander sprechen können. Vom Nordseestrand kann es auch einmal einen Brief an die betagten Eltern geben. Sie mögen es einfach gerne, wenn man sich die Zeit nimmt, erzählt und sie haben auch nichts gegen ein paar schöne Briefmarken.

Unsere Liebe hat ihre eigene Sprache. Wir sehen von der Arbeit auf, wenn der andere ins Zimmer kommt. Sammeln wir Nüsse unter dem großen Baum auf, entbrennt ein rastloser Wettkampf um deren Zahl in den beiden Eimern. Die merkwürdige Passage in einem Buch von Tolstoi, von Hamsun, von Stifter, wir lesen sie uns vor. Schlafen die Kinder, erwacht erst das Unauslotbare. Bin ich für Wochen irgendwo, um einen Auftrag abzuschließen, bin ich immer auf der Suche nach einem Mitbringsel, das zu ihr passen könnte. Jede Heimkehr gestaltet sie mir zu einem kleinen Fest, auch wenn sie die Nächte zuvor am Bett eines fieberkranken Kindes wachte. Wir teilen

Sorgen und Hoffnungen. Wir teilen unser Leben. Wir teilen uns.

Nie hätte ich gedacht, meiner Frau einmal viele Briefe zu schreiben. Wir sind zusammen. So soll es, so wird es bleiben. Kein noch so schöner Urlaub bringt mehr als drei Briefe hervor. Getäuscht habe ich mich in der fraglosen Kontinuität des Guten. Ein Leben ohne Lise wäre keines. Warum sollte ich dann nicht bei ihr sein?

Eine Sprache ohne viele Worte war unsere Liebe. Von einem Tag auf den anderen haben wir nur noch Wörter, einen Füller oder Bleistift und den Bogen eines Feldpostbriefes. Vier oder fünf Gramm Papier tragen alles, auch die stillen Verweise, die Signale, die Pausen, in denen wir uns einander mitteilen.

Der Baum vor dem glaslosen Fenster erinnert mich an Ernte. Vaters Pfarrgarten in Degerloch war riesig. Mein Atelier stand dort. Wolf-Dieter durfte zwischen den Bäumen spielen. In mancher Pause kam ich zu ihm. Dann ernteten wir, was dieser Baum uns schenken wollte. Die ausgestreuten Blätter, sie könnten Briefe sein. Die Ernte der ganzen Jahre von 1941 bis jetzt. Ich gehe in die Hocke, hebe einen Blattbrief nach dem anderen auf. Dann lese ich nochmals, was ich ihr schreiben wollte – und auch das, was ich den Worten nicht mitgab von dem, was ich gesehen und erlebt habe.

Ich habe Dir noch in Tours einen netten Stoff besorgt. (11. Juni 1943)

Mein Liebstes!
… Heute denke ich manchmal: Ich hätte doch nicht immer so wild schaffen sollen und ab und zu hätte ich mir doch vielleicht mehr freie Zeit und Urlaub machen sollen und mit Dir ein paar Festtage feiern und Tage und Nächte machen sollen, an denen wir nur uns gehörten. Jetzt habe ich Zeit, darüber nachzudenken. Früher in rastlosem Treiben und Arbeiten dachte ich nie daran. Warum? Man ahnte ja nicht, dass es plötzlich ganz anders kommen könnte. Wer dachte daran, dass wir jahrelang auseinander gerissen würden? Aber es musste wohl so sein.

Die Kunst forderte in dieser Beziehung manches Opfer von Dir und von mir, und ich kann wohl sagen, leicht haben wir uns unseren Weg nicht gemacht. Aber dies liegt wohl in unseren beiden Naturen. Heute, wo es regnet und Sonntag ist, habe ich die Sehnsucht, meinen Kopf an Dich zu lehnen und dort zu träumen und mich geborgen zu fühlen. O Wuschelein. Die Wärme Deines Körpers fühlen und Dein Herz schlagen zu hören und zu wissen, dieser Mensch gehört zu Dir: Wie schön ist das. O glückliche Stunden! (20. Juni 1943)

Liebstes, Wuschelein!
So manchmal, da muß ich mir Deinen Namen, der so ganz Du bist, vor mich hinsagen und Dich so ganz denken.

Wuschel! Alle jauchzende Liebesfreude und alle Tiefe des Liebesleides liegen für mich in diesem einen Wort. O Wuschel, wie unermesslich schön ist die Liebe in beiden, in der Freude und im Leid.

Der Wind weht draußen, und das Meer eilt in langen Wellen dem Strande und den Felsufern zu und schäumt hoch auf. Über den Wassern hängen graue Wolken und ab und zu geht ein Regenschauer nieder. Die Farben des Meeres wechseln dauernd. Vom hellsten Blaugrün bis zum tiefen Violettschwarz. Und jeden Tag gehen Gewitter über das Wasser weg, und die Elemente singen ihr eigenes Lied. (21. November 1943)

Leider kam heute keine Post. Ich warte täglich auf Post von Dir und darauf, daß sie mir Neues bringt von Dir und den Kindern, denn ich weiß, daß Du und Karin krank sind, jetzt warte ich doppelt darauf, was für Nachrichten von zu Hause kommen. (17. Januar 1944)

Sieh, es ging mir in letzter Zeit auch so wie Dir. Ich hab sir manchen Brief geschrieben in letzter Zeit, und ich weiß auch, daß in manchem nicht viel drin gestanden ist. Sieh, es ging mir wie Dir. Eine merkwürdige Verfassung der Sinne war auch bei mir. Oft hatte ich schreckliche Sehnsucht nach Dir und den Kindern. Aber nun wollte ich Dir nicht auch noch das Herz schwer machen und lieber alles allein mit mir fertig machen und Dich nicht damit beschweren. Denn weißt Du, oft ergreift mich die Sehnsucht nach Euch unbändig, und ich möchte es den Sternen und der lieben Sonne erzählen, was ich mir wünsche und was mein Lebensinhalt und meine ganze Freude ist. (22. Januar 1944)

Du hast mir mit dem Satz Deines Briefes eine große Freude gemacht, in dem Du schreibst, daß ich schon viele Engel gemalt habe. Ja, Wuschelein, es sind sogar sehr viele. Ich malte sie gerne, und ich gab mir bei ihnen auch immer besondere Mühe, denn sie hatten auf meinen Bildern immer eine ganz besondere Bedeutung und traten dort auf, um etwas ganz Besonderes zu sagen oder zu tun. Ich betrachtete sie nie als bloße Füllung oder Dekoration. Aber heute weiß ich eigentlich noch mehr davon, und ich möchte, wenn ich wieder malen darf, gerne noch diese Gestalten malen, diese Sendboten Gottes.

…

Ich sehe ja hier ebenfalls diese maßlose Zerstörung. Wo andere Generationen Jahrhunderte arbeiteten, das bringt unsere Generation in einigen Stunden in Schutt und Asche. Wir werden einmal keinen leichten Stand in der Geschichte haben. (19. März 1944)

Mittlerweile wurde es erster Mai. Und nun habe ich meinen 41. Geburtstag. Ich habe es gespürt, wie ihr an mich dachtet, und wie ihr, wie Dieter so schön schreibt, „Eure Wünsche dem Wind, den Wolken, den Sternen und der alles überstrahlenden Sonne „ mitgegeben habt. So war ich also nicht allein. Ihr

wart bei mir. Ich sah Eure Photos an und freute mich über jedes einzelne und hätte Euch so gerne an mich gedrückt und jedem einen herzhaften Kuß gegeben. … Die Losung für den heutigen Tag aus dem Losungsbüchlein der Brüdergemeinde, die mich allemal das ganze Jahr hindurch begleitet, lautet diesmal „Tue, was Dir unter die Hand kommt, denn Gott ist mit Dir." Und der Lehrtext: „Jesus spricht: Meine Speise ist die, daß ich den Willen des Vaters tue, der, der mich gesandt hat, und vollende sein Werk." Zwei schöne Sprüche, die mich wieder begleiten in allen Fährnissen der Zeit. Es ist doch das Schönste, sich in allen Dingen geborgen zu wissen."
(1. Mai 1944)

Oft denke ich daran, wie gern ich einmal wieder an einer Staffelei stehen würde und Entwürfe machen würde. Die Zeiten dieser grausigen Zerstörung unserer herrlichsten Kulturgüter und Geistesgüter ruft in einem diese Verpflichtung besonders wach. Oder sollten wir so arm werden, daß uns auch noch das Letzte genommen wird? Vielleicht kommt noch einmal die Zeit solcher Gnade, wir wollen die Hoffnung nicht verlieren. Du denkst wohl, daß ich Zeit habe zu sehr weitläufigen Sorgen in einer Zeit, wo Ihr von ferne schon den Kanonendonner hört und andere Sorgen auch Euch belasten. Aber ich denke auch daran und weiß, daß diese Sorge im Augenblick die größte ist. Wann wird sie gebannt sein? Wir wollen alle Gott bitten, daß er dieser Zeit ein Ende mache, wenn es sein gnädiger Wille ist, uns allen noch eine Frist des Wirkens geschenkt werden, um unsere Lebensaufgabe vollenden zu können. (22. Oktober 1944)

Liebes Wuschelein! Oft tust Du mir leid, daß Du mit Deinen Sorgen für das tägliche Leben so ganz allein bist. Und ich kann mir denken, daß diese Sorgen oft sehr große sind, wo Ihr doch heute täglich und stündlich von außerordentlichen Gefahren bedroht seid. Aber laß Dich nicht zu sehr bekümmern, sorge nicht zu weit; es ist genug, daß ein jeglicher Tag seine eigene Plage habe.

Vielleicht findest Du doch ab und an eine Viertelstunde, wo Du mit den Kindern ein Lied singen und ihnen etwas vorlesen kannst. Erzähle ihnen auch ab und zu an Hand eines Bildes etwas aus dem Leben Jesu, denn wir wissen nicht, wie lange wir noch Zeit haben, unsere Kinder auf diesen Schatz hinzuweisen. (29. Oktober 1944)

Du, mein Liebstes!
… In Liegnitz konnte ich noch einige herrliche Bücher kaufen, die lese ich nun. Es sind kleine Feldpostbändchen, aber sehr gut in der Auswahl. Darunter ist auch ein Adalbert Stifter, Brigitta. Ich habe in den letzten Jahren kaum etwas Schöneres gelesen. Früher konnte ich Stifter kaum lesen, aber nun, seit ich älter geworden bin, geht mir die Sprache, diese schöne Sprache und die Tiefe seiner Dichtungen, erst eigentlich auf. So macht man immer wieder seine Entdeckungen.

Und bei allem dem denke ich in herzlicher Liebe an Dich. Wissend, daß ich Dir nahe bin, bin ich traurig, nicht bei Dir sein zu können. Aber wie oft ist dies in den letzten Jahren nicht so gewesen. Dann denk ich auch manchmal nach über unsere Liebe. Und immer wird mir klar, dass das Geheimnis unserer Liebe darauf beruht, daß wir einander so liebten, wie wir sind. Wir suchten im anderen nicht unser Spiegelbild, sondern fanden unsere Ergänzung. Und da wir beide stark in uns selbst verwurzelt und eigenlebig sind, war auch die Ergänzung weit und groß und eins findet beim andern von Jahr zu Jahr immer Neues und wächst im Ergänzen des eigenen Ichs. Dadurch lebt unsere Liebe und ist nicht bei der ersten Umarmung gestorben, sondern durch sie ist erst der Brunnen erschlossen worden und die Tiefe der Erde und in die höheren Regionen des Geistes. So kam das, was das Schönste zwischen und ist, zum Blühen: die Wechselwirkung der Liebe. Und dass aus ihr wie aus einem Kelche die Blumen brechen durften, unsere Kinder, das ist unser höchstes Glück. So wollen wir denn warten, ob uns die Zukunft nochmals die Zeit gibt, weiterzubauen und Lieb in Liebe zu versenken. Grüße mir unsere Kinder. Grüße die Freunde und Geschwister. Dir selbst viele herzliche Grüße und tausend Küsse Dein Walter, Euer Vater. (28. Januar 1945)

Sie sagen uns, jetzt sei erst einmal Sendepause mit Briefen. Der Feind lasse keine Post mehr zu. Opfer gelte es zu bringen für Führer und Reich. Die Lieben daheim würden es genauso sehen. Werden jemals grüne Blätter nachwachsen oder bleibt es kahl? Ein altes Lied fällt mir plötzlich ein. Franz von Assisi hat es geschrieben und ich war kein Friedensbote in seinem Land. Wenn wir uns nicht mehr schreiben können, vielleicht tragen dann die Geschwister Sonne, Mond, Wasser und Feuer den Klang des Herzens weiter. Niemand von uns weiß, ob irgendetwas gut enden kann. *Doch unsere Liebe soll nicht traurig sein.*

DER TAG IM JANUAR

Ich trete auf die Straße, aber da ist kein Halt. Es gibt keinen Weg mehr. Alles zerfällt in Splitter und scharfkantige Scherben. Wüsste ich nicht, wie sehr sich Dieter auf meinen Besuch freut, dürfte ich nicht aufbrechen zu ihm. Zu berechtigt ist meine Furcht, die Tränen überfluten mich und quellen aus den Augen wie ein perforierter Farbbeutel. Dabei dachte ich, das Arge zu kennen. Wochen im Dreck, immer ein Ziel, regungslos fast, bis Schlamm und Schutt an dir festwachsen. Keine Seife bekommt sie wieder los. Die zweite Lektion dann in Stuttgart. Unsere Wohnung ausgebrannt. Von dort laufe ich zu meinem Atelier. Qualm, Glut und Asche. Alle Werke sind verbrannt. Alle. Aus einer kokelnden Bibel fallen zwei kleine Zeichnungen auf die Erde. Die hebe ich auf und trage sie seitdem bei mir.

Doch das eigene Leid ist zu gering. Sie beordern mich nach Liegnitz. Ein Kurs. Dann geht es zurück Richtung Stuttgart. Dort werde ich den Marschbefehl bekommen. Diese Fahrt ist die schlimmste meines Lebens. Es übersteigt und überflutet mich, Fliehende zu sehen in allen Formen der Misshandlung und Erniedrigung. Mir wird die geistige Haut bei lebendigem Leib abgezogen. Sehend werde ich eins mit dem Unnennbaren. Seitdem gehe ich auf Eis. Jeder Schritt ist eine Entscheidung.

Noch einmal kurz zurück in unseren Unterstand. Die Augen überfliegen mein kleines Reich. Ist alles an seinem Platz, so wie ich es mir ausgedacht habe zu Vaters Ankunft? Keine

Rose erwartet ihn und keine Flasche mit einem guten Tropfen. Zwei Zimtsterne habe ich noch von Weihnachten, die liegen auf einem Papier, und ein kleiner Beutel mit Tabak, den ich eingetauscht habe für ihn. Das hellblaue Deckblatt meines Blocks, aber auf keinen Fall zu offen hinlegen … Wir wissen ja nicht, wofür uns Zeit bleibt. Vater soll sich frei fühlen. Der Stoff, mit dem wir uniformiert wurden, fühlt sich schwer an. Ich möchte ihn abstreifen und hin und her laufen wie ein Sohn, der sich auf seinen Vater freut.

Noch zwei Stunden, dann bin ich bei ihm. Der Marschbefehl ist immer noch nicht da. Das ist bestimmt kein Fehler. Sie wissen nur nicht, wohin sie die schicken sollen, die noch zwei Beine und zwei Hände haben. In einem Niemandsland bin ich gerade. Sehr bald werden sie mich über eine Grenze schicken. Kaum einer wird von dort zurückkommen. Wie schwer ist es manchmal, aus dem allen auszusteigen und zu glauben: „Meine Zeit steht in deinen Händen." Aber so ist es. Die kommenden Stunden sind Gottes Geschenk. Ob daraus noch einmal Wochen werden und Jahre – „in deinen Händen". Mit Dieter will ich diesen Tag erleben, als gingen wir an einem Strand entlang, Kilometer um Kilometer. Ab und zu bleiben wir stehen, heben eine besondere Muschel auf, halten sie an unser Ohr. In der kleinen Bucht hüpfen wir in die Brandung. Alles, was wir ihr entgegenschreien, birgt sie in sich.

Jeden Moment kann es so weit sein. Es ist hart, dass ich immer schon an den Abschied denken muss. Diese Gedanken sind zu stark für mich. Zum Glück wird es anders sein, wenn er endlich da ist. Mit Vater passiert eigentlich immer etwas Ungeplantes. Wie oft ist der Faden meiner Schwermut schon gerissen, wenn er lachte. Wann ist es endlich so weit?

Wie groß du bist! Hörst du gar nicht auf mit dem Wachsen? Bald kannst du auf meine Glatze spucken.

Dann musst du halt nachwachsen, Väterchen. Hör ja nicht auf damit. Unser Wettkampf ist noch lange nicht vorbei.

Nichts ist vorbei. Wir werden uns ein altes Segelboot kaufen. Das streichen wir an. Du die eine Seite, ich die andere.

…

Ihr müsst Euch schützen, Vater. Schnell! In den Unterstand!

Nicht, wenn mein Sohn im Freien ist. Wir gehen in den Nachrichtenstand. Da bin ich in deiner Nähe.

Sie fliegen nicht weiter. Sie meinen uns. Den Bahnhof und unsere Stellung. Komm rüber zu mir. Das Geschütz ist stabil. Sind nur ein paar Meter.

Nun hat es keinen Wert mehr.

Ich bekomme fast keine Luft. Kann uns mal jemand helfen, den ganzen Schutt loszuwerden! Vielleicht könnten mein Vater und Karl Storch bitte mithelfen, damit wir hier schnell rauskommen.

Vater!

Vater?

Wo ist mein Vater?

Sie teilen mir vier russische Kriegsgefangene zu. Wir graben mit allem, was wir haben. Ein Gesicht. Das ist Karl. Blut. Hautfetzen. Zähne. Sirenen. Ich kann doch jetzt nicht wieder an das Geschütz. Von Gefahr spüre ich nichts. Wieder werden wir zugedeckt von Staub und Erde. Sobald der Fliegerverband abgedreht hat, graben wir weiter.

Dann finde ich ihn.

Ich bin eine Kreatur

Wie dieser Stein
des Hl. Michael
so kalt
so hart
so ausgetrocknet
so widerständig
unbeseelt
so ganz und gar

Wie dieser Stein
ist mein Weinen
man sieht es nicht

Den Tod
büßt man
lebend ab

Giuseppe Ungaretti

… SOLL NICHT TRAURIG SEIN

Ein Sohn erzählt

Glocken

Letztes Geleit. Letztes Geläut. Was sind das für Worte? Uniformierte auf der Straße vor der Kirche. Was wollen sie hier? „Wir werden ihn mit militärischen Ehren begraben“, sagen sie zu Mutter. „Das ist das Deutsche Reich ihm schuldig. Unser Beileid.“ Wir können nicht noch mehr verhindern. Ihn wegzubringen von Stuttgart war das Äußerste. Fahrzeuge gibt es ja praktisch keine mehr. Alles ist kriegswichtig. Ohne den Kieslaster von Hermann Mahle läge er jetzt in einem riesigen Areal von Gefallenen, dem Ehrenfeld des Waldfriedhofes. Er hat es sich gewünscht. Lise gesagt. Wenn es zu Ende geht mit mir, dann lass mich in meiner Schwarzwalderde schlafen. Bitte.

Mutter ist eine Tänzerin, der in der Aufwärtsbewegung eine Sehne reißt. Es ist, als sei sie in jener Nacht aus sich selbst herausgetreten. Den Anruf von meinem Vetter aus der Nachrichtenstelle hat sie gehört. Ihre Wirtsleute wollten sie schonen. Es genügt ja noch am Morgen, die schlimme Kunde zu hören … Man kann eine Liebende nicht schonen. Nicht Mutter. Nicht Lise. Nicht sie. Wie sie das macht, weiß ich nicht. Es gibt Freunde, die sie unterstützen. Vielleicht spürt die Bürokratie, dass man sich mit dieser Löwin nicht anlegt.

Falk kocht. Beinahe hätte ich zu lachen begonnen. Es dampft und brodelt und zischt. Der Junge macht, was er nicht kann. Für seine Mutter. Für die Zwillinge. Mit ihren sechs Jahren merken sie, alles ist anders. Sie sind die ganze Zeit auf den Beinen, zwei Wildpferde, die ganz feine Ohren haben. Manchmal muss man sie einfangen wie damals bei meiner Konfirmation. Eine gefühlte Stunde haben wir sie gesucht, aber ich kann ihnen nicht böse sein. Zum Ausgleich durfte ich einmal an Vaters Zigarre ziehen, das hat sich voll gelohnt.

Besonders schwer sind die Abende. Dämmerung lässt all das Lebendige dumpfer werden. Nebel steigen auf. Manchmal finde ich Ute und Karin zusammen auf einem Bett liegend, die Zöpfe losgerissen, ihre staksigen Knochen ragen auf wie Schwarzwaldbäume, in die ein zorniger Sturm fuhr, dazwischen ein See von Tränen. Wir Kinder haben Angst, dass sie sich zu ihm legt. Mutter und Vater sind für uns manchmal fast verschwommen zu einer Person. An Weihnachten noch, als er dann aufbrach für immer, konnte sie ihn kaum loslassen. Da ich nicht schlafen kann, merke ich, wie sie den großen Schlüssel vom Haken nimmt und vom Pfarrhaus hinübergeht, das Westtor der Dorfkirche aufschließt und in ihr verschwindet. Für Stunden. Dort liegt er. Aufgebahrt, wie man sagt. Sie legt ihr Herz neben das seine und verspricht ihm, für seine vier Schätze zu sorgen. Dann sind sie einfach beieinander, wie sie es immer konnten, schweigsam und nah.

Der Ort belebt sich. Aus den Nachbardörfern kommen viele. Und aus Stuttgart. Hände werden geschüttelt, Blumen noch einmal am Brunnen getränkt. Am liebsten wäre ich allein. Das Seil der Glocke ist ein Strick. Mein Läuten. Als könnte ich das Echo der Flugzeuge übertönen. Als könnten die Glocken es endlich enden. Als könnte ich ihn wecken.

Lauf des Lebens

Sie haben irgendein Einsehen und holen mich nicht zurück an das Geschütz. Nicht einmal mehr nach Stuttgart. Sie lassen mich in Mitteltal. Dem Volkssturm soll ich helfen, etwas zur Verteidigung aufzurichten. Schlafen darf ich daheim. Manchmal lachen wir. Oft sind wir nur fünf Schatten. Mutter hat in einer kleinen Schachtel gesammelt, was ich aus der Schulzeit behalten durfte. „Vielleicht", sagt sie, „tut dir das gut. Irgendwo musst du dich ja wieder andocken." Sie weiß, wie gerne ich in Schiffsdingen denke. Anzudocken ist ein gutes Wort für mich. Oft lasse ich den Ort zurück und streife im Wald herum, liege auf einer Lichtung und sehe den Wolken hinterher. Es kann dann passieren und ich spüre die letzten Wochen nicht mehr. Plötzlich kann ich zurückgehen in meine Schule, als lägen keine rauchenden Trümmer vor ihr, als schwelten nicht überall noch Brände.

Wenn man sich an die altgriechischen Buchstaben gewöhnt hat, geht es. Wir lesen in der Klasse Thukydides. Es ist irgendwie seltsam, die Peloponnesischen Kämpfe wirklich als Krieg zu verstehen, wenn man von Verdun weiß, dem

Gas in den Schützengräben, der Rate von zahllosen Toten in einer Angriffswelle. Wir lesen als junge Gymnasiasten und der Dichter spart nicht mit harten Nüssen. Trotzdem kommen wir Stunde um Stunde ein paar Sätze weiter. Entziffern die vielleicht älteste Schilderung eines Krieges, der auf alle Fälle weiter weg ist als Cäsars Gallischer.

Das kann eine Schule wie unsere: Schichten abheben und mit dem Spaten der Grammatik Früheres ausgraben und darin das Jetzige meinen. Humanisten sollen wir werden, also zuerst einmal die alten Sprachen kennen. Mehr noch, menschlich zu sein, ist das Ziel, weil man um den Menschen weiß – seine Größe und seine Gefahren, seine Milde und seine Brutalität. Wir sind nicht fertig, als man uns aus der Schule holt. Das ist keine spezielle Schikane, sondern eine allgemeine. Der Krieg ist gefräßig. Es gibt einfach nicht mehr genug wehrfähige Männer, also greift man sich die Jungen. Uns. In Bremen und in Bayern, aus winzigen Bauernflecken und Metropolen wie Stuttgart. Irgendwann zählen nur noch die Zahlen: Das Jahr deiner Geburt entscheidet. Unser Jahrgang soll die Marine unterstützen oder den Luftraum beschützen.

Oft denke ich an die Maler, die Dichter, die Musiker in diesem merkwürdigen Jahr 1914. Viele von ihnen konnten es kaum erwarten, schrieben sich in die Listen, setzten Tornister und Helm auf, kamen an die Front und kamen um. Sie sind die Generation an der Schwelle zum ersten Weltbrand. Wissen konnten sie noch nichts von der Wirkung von Giftgas, vom Phantomschmerz derer, die ein Bein, einen Arm dem Kriegsgott Mars opferten. Kein Wissen, keine Erfahrung, keine Fotos, nur Ahnungen, aber die gab es. Die Tiere im Unterholz der Arbeiten von Franz Marc ducken sich angstvoll. Georg Trakl schüttete die Welt wie einen Kasten Bauklötze aus, nichts passte mehr zusammen. Die von mir so bewunderten Vorbilder trafen eine Wahl und irrten sich grausam. Auf überfüllten Bahnsteigen trällerten sie die Weisen der Schlächter, als wären es Schlager. Bald vergingen ihnen Atem und Wort. Sie spürten das Metall eines Gewehrkolbens, vergaßen die Einsamkeit ihrer Ateliers und fanden manchmal schon nach Wochen eine Kugel. Die noch einmal zurückkehren, haben immer Gäste ohne Augenlicht. Sie haben gewählt und alles verspielt. Vielleicht schwächt uns dieser erste Krieg noch heute wie ein Tumor des Gewissens. Er nimmt uns den Mut, die Hetzer und Hasser zu dem Teufel zu schicken, der sie losließ. Uns Schülern hat man keine Wahl gelassen. Wir waren die verwaltete, vergewaltigte Jugend. Vater und Mutter sind weit. Lehrer haben sich selbst verloren. Niemand hat uns gefragt.

Dann wird es Mai. Vaters Grab hat sich ein wenig gesenkt. Die Zwillinge bringen Blumen von den Wiesen, Falk etwas Geschnitztes. Der Krieg verebbt.

Wir bleiben auf dem Land. Auch wenn es nicht leicht ist. Dann bekomme ich Post. Die Schule öffnet wieder. Sie wartet. Auf mich. Wie soll ich zurück? Mein ganzes Leben ist voller Unmöglichkeiten. Irgendwann bin ich wieder dort. Klasse 8. Was ist Zeit? Uns stellen sie die Aufgabe, einen Lebenslauf zu verfassen. So schreibe ich auf, was war, und schreibe nicht, was war … Das Blatt trägt das Datum 10. Mai 1946. Ein Jahr lang schon schweigen die Waffen. Ihr Echo in meinem Ohr wird leiser. Nicht der Lärm lässt mich erschauern. Die Stille ist es angesichts des künstlichen Hügels von Erde, Holz und Stein. Es ist eine Fingerübung, meint der Lehrer. Als wären die Finger schwer geworden. Ich selbst weiß nicht, wer ich bin. Also erzähle ich, was mir einfällt. Zu mir selbst.

Es muss grad der 13. gewesen sein, als ich im März 1928 in Pforzheim zur Welt kam. Mein Vater war Walter Kohler und meine Mutter Lise Kohler geb. Schleppe.

Die frühe Kindheit verspielte ich im grosselterlichen Pfarrhaus in Degerloch, da dort zugleich eines Vaters Atelier war. Der grosse Pfarrgarten mit seinen düsteren Tannen und den weiten Baumwiesen, aber auch das mir damals noch unverständliche Schaffen meines Vaters inmitten vieler Farbnäpfe und öliger Gerüche und zuletzt noch der allabendliche Heimweg durch den Wald nach Südheim an meines Vaters Hand brachten mir die ersten Eindrücke. Mit vier Jahren lag ich mit einer schweren Rippenfell- und Bauchfellentzündung darnieder.

Dann kamen lange Monate des Alleinseins mit meiner Mutter, da mein Vater auf Studienreisen im Ausland war. Mit sechs Jahren wurde mir der Schulranzen auf den Rücken geschnallt und eben in diesem Jahr gesellte sich ein Bruder zu mir. Nach der vierjährigen Volksschulzeit trat ich dann 1938 ins Eberhard-Ludwigs-Gymnasium über und in demselben Jahr wurde unser Familienglück durch die Geburt meiner Schwesterlein vollendet.

Ich glaube, daß gerade die ersten Jahre im humanistischen Gymnasium mir die Richtung für mein Leben gaben. Wie oft sass ich daheim stundenlang in irgend einer Ecke, durchblätterte die grossen Bücher und war in die Bilder vergangener Meister versunken. Diese Stunden waren es, die mir alles Lichte und Gute in diesem Leben zu versprechen gaben. So kam es auch, daß ich mit 13 und 14 Jahren fast alle Klassiker in mich hinunterschlang, heute zu meinem grossen Bedauern, weil ich damals doch noch nicht alles verarbeiten konnte. Bis zu Beginn des Krieges erlebte ich jedes Jahr aufs Neue in einem kleinen Fischerdorf an der Ostsee mit meiner Mutter zusammen die Ferien und trank diese köstliche Freiheit mit meiner ganzen Seele. Das bescheidene Leben dort oben unter den Fischern in ihren armseligen Hütten ließ mich die gewaltige Natur und in ihr das einfache Leben schauen. So entbrannte meine Liebe zum Meer, und auch heute sind vor allem die Wasser Heilkräfte in meinen seelischen Nöten. In dieser Zeit wollte ich Seemann werden. Aber schon in den nächsten zwei Jahren, als ich den einzigen Urlaub mit meinem Vater und mit meinem Paten Studienrat Max Bauer im Gebirge zubrachte, regten mich ihre Malereien zu meinen ersten Strichen nach der Natur an.

Wolf-Dieter Kohler
Selbstporträt
Öl auf Karton

Entstanden während des Studiums
an der Kunstakademie Stuttgart

Wolf-Dieter Kohler
Abraham und der Brand Sodoms
Fenster in der Evangelischen Markuskirche Stuttgart
Glasmalerei

Entworfen von Heinrich Dolmetsch (1846–1908), stellt die Markuskirche als frühe Eisenbetonkonstruktion einen Meilenstein im Sakralbau dar. Die Glasmalereien wurden 1958 eingesetzt. Dargestellt ist hier der Brand Sodoms.
Der Künstler gestaltet darin seine Kriegserfahrungen: totaler Brandschaden der Familienwohnung und des Ateliers seines Vaters nach Bombenangriffen auf Stuttgart. Flammeninfernos während seiner Monate als jugendlicher Flak-Helfer.
Abraham wird zum bestürzten Augenzeugen, hoffend auf eine Überwindung des Schreckens.
Erstes Buch Mose, Kapitel 19: „*Abraham aber … wandte sein Angesicht gegen Sodom und Gomorra und alles Land dieser Gegend und schaute, und siehe, da ging ein Rauch auf vom Lande wie der Rauch von einem Ofen.*“

So kam die Zeit, daß ich ab 1941 in all meinen freien Tagen mit meinem Malgerät ausrückte und munter drauflos pinselte. Die Leidenschaft des Malens brachte mir die glücklichsten Stunden, und seitdem fühle ich mich irgendwo unwohl, wenn ich nicht irgend etwas malen darf.

Während dieser Zeit musste ich den Freund meiner Jugend an der Front in Russland verlieren. Der Unterricht machte mir Freude, vor allen Dingen Deutsch und solche Fächer, die mir vom Leben oder auch von der Schönheit der Lebensgüter kündeten. Ich möchte damit sagen, daß ich immer mit dem Gefühl die Schule erlebt habe und mich eigentlich nicht mit dem Verstand um das zu Lernende bemüht habe, sondern immer glücklich war, wenn ich etwas Geistiges gefühlsmässig erfassen konnte. Sport habe ich in jeder Art getrieben.

1941 wurde mein Vater zum Militär einberufen. So trug ich von da ab die Lasten und Sorgen der Familie mit meiner Mutter. Im März 1942 wurde unser Heim teilweise zerstört, und da sich darauf meine Mutter mit meinen kleinen Geschwistern in den Schwarzwald bei Freudenstadt evakuierte, lebte ich allein in unserer bald wieder hergestellten Wohnung. Mein Boheme-Leben machte mich reich an Erfahrung und meine einsamen Stunden ließen mich oft tief an mir hinunterblicken und gaben mir den Hang, allein zu sein. Ich erkannte, dass ich mein Leben selber tragen muss. Unser Familienleben war noch mehr zerrissen und dieses ewige Getrenntsein bedrückt mich auch heute noch. Im Januar 1944 kam ich für 2 Monate als Luftwaffenhelfer zur Flak. Darauf wurden wir wieder für ein Viertel Jahr für die Schule beurlaubt und wurden im Juni desselben Jahres endgültig zur Flak einberufen. Im gleichen Monat hatten wir Totalschaden an Heim und Atelier meines Vaters. Ende des Jahres wurde ich zu einem Marinelehrgang nach Dänemark abkommandiert. Unsere Kameradschaft vertiefte mir die Liebe zum Vaterland. Ich kam wieder zu meiner Flaktruppe zurück. Am 28. Januar 1945 fiel mein Vater neben mir, als er mich in unserer Stellung besuchte und wir von einem Angriff überrascht wurden. Ende März wurde ich nach Hause zur weiteren Einberufung entlassen. Im April 1945 hatte ich noch ein Volkssturmkommando droben auf der Hornisgrinde. Die Katastrophe brachte ich mit einigen Schwierigkeiten gut hinter mich.

Den Sommer über malte ich und gab mich abends der Lektüre aus der Bibliothek meines Onkels, des Pfarrers in Mitteltal, hin. Und da erkannte ich, daß man viel wissen muß, um richtig mitzufühlen mit den Anderen und um sein Eigenstes zu verarbeiten. Mit grosser Spannung erwartete ich so wieder den Schulunterricht und eiferte mit all meinen Kräften die letzten Monate dahin, um wenigstens einiges von den Lücken, die mir spürbar wurden, auszufüllen. Es wurde mir manchmal schwer an mir selbst, weil ich nicht mehr das Getriebe dieser Stadt ertragen kann. Aber nun habe ich die Gefühle hintan gestellt und lerne, so gut ich kann. Seit den Jahren, da ich die Malerei zur Geliebten habe, ist aber die Triebkraft, die mich durch die Schule wie das sonstige Leben zog, die Freude auf den Tag, wo ich mich ganz den Studien widmen darf, um Maler zu werden.

Zeit ist vergangen, viel Zeit, wenig Zeit. Unser Land wäscht den Staub aus den Poren und das Blut von den Händen. Aber das Gewesene ist nicht vorbei. Manchmal erfahre ich von Treffen ehemaliger Flakhelfer. Der Volkstrauertag oder irgendein markantes Datum der betreffenden Stadt liefert den Termin. Von der Generation über uns leben noch viele. Sie haben uns alles beigebracht. Einige kommen zu solchen Zusammenkünften. Alte Kameraden erinnern an die heroische Jugend in selbstloser Verteidigung unseres Vaterlandes. Ich ekle mich vor solchen Phrasen. Wir haben nicht gelernt, uns richtig zu wehren. Nur fernbleiben, mich enthalten, das kann ich.

Viele aus meiner Klasse sind mittlerweile gute Freunde. Wir plaudern über ihre Schule, ihren Buchladen, ihre Gemeinde, ihre Klinik. Der Humanismus sucht eine Nische, um mit halb versengten Blättern doch irgendwie zu überleben. Über die Zeit am Geschütz reden wir fast nie. Keine Witze. Keine Bewunderung für die Präzision der Kanone. Kein Stolz auf die eigene Treffsicherheit. Wir können diese Monate nicht mit Worten anfassen wie eine weite Reise, ein großes Abenteuer. Unsere Scham schafft Schweigen.

Hör nicht auf den Tod

Rauch wabert über der Stadt. Hier und da lodern kleine Brände auf wie ermattete Hyänen, die sich in der Hitze noch einmal aufraffen und in das längst ausgeweidete Beutetier ihre Zähne schlagen. Manchmal verbrennen Bewohner von Häuserstümpfen die Reste zerschlissener Bettlaken. Keine Bleiche wird den Brandgeruch je aus ihnen vertreiben. Das meiste Grau ist Staub. Alte und Junge schleppen weiterhin Trümmer. Die Häuserreste ragen auf wie Skelette. Sie könnten sich berühren und aufrichten, einen Totentanz beginnen. Doch die Steine haben keine Kraft mehr in sich. Anders die Menschen. Überall wird gearbeitet. Hagere Frauen stemmen sich mit überladenen Schubkarren gegen Steigungen an, von denen es viele in dieser Stadt gibt.

Die langen Wochen im Schwarzwald lassen mich schon fast an die Bäume glauben. War das alles nur ein heftiges Gewitter? Blindwütige Blitze stoßen wie Dolche aus dem schwarzen Himmel, spalten uralte Stämme, entlauben weit ausgestreckte Äste. Der Wald atmet die Zuversicht, es gehe gut weiter. Lücken schließen sich wieder. Brachen bieten Wurzelgrund. Baumriesen stehen Setzlingen nicht im Weg. Ereignet sich in der großen Stadt nicht Ähnliches?

Unser Abitur ist unterschrieben und wird uns überreicht. Ich sehe mich an meinem ersten Grundschultag, beide Hände ausgestreckt, bis sie Mutters und Vaters Hand finden, gehen wir über einen Pausenhof durch ein hohes Tor in das Schulgebäude.

Nun bin ich ein junger Mann. Mutters Hände umsorgen und beschützen die drei Geschwister. Vaters Hand war von der Schwere des auf ihn stürzenden Materials aufgerissen, blutverkrustet und merkwürdig kahl. Niemals mehr wird sie eine Träne aus dem Jungengesicht streichen, die Pfeife und ein Buch halten, einen Pinsel wählen und führen. Wir stoßen nicht an auf dieses Abitur. Mutter hat sich bestimmt etwas ausgedacht, wenn ich vom Zug zurückkomme. Lachen aber kann sie nicht. Ausgelassen und weit offen für die Zukunft konnte es nur mit Vater sein. Hätte er nicht schallend gelacht über „mangelhaft" in Mathematik? Dann hätte er gelächelt. Deutsch: gut. Kunsterziehung: sehr gut. Ich glaube, er hätte kein Wort verloren über die anderen Noten, wissend, dass wir vieles waren, aber nicht die klassischen Schüler an einem humanistischen Gymnasium.

Es gibt eine Bürokratie dieser Jahre. Alles in diesem Land wird organisiert, auch die Vertreibung aus dem Schutz der Schule. 1938/39 stehe ich als Nummer zweiundzwanzig im Klassenbuch. Meine Lehrer sehen einen „frischen Einsatz" und dadurch einen „lobenswerten Gesamterfolg". Das nächste Zeugnis erwähnt meine „gleichmäßige Arbeitsweise". Das Zeugnis 1942/43 hat nur noch nackte Noten. Am 12. Januar 1944 werde ich als Luftwaffenhelfer eingezogen. Einen Monat später beurlauben sie mich zum Schulbesuch, ziehen mich am 15. Juli aber wieder ein. Im letzten Kriegsjahr fehlen die Listen. Am 28. Februar 1945 werde ich als Luftwaffenhelfer entlassen. Was war die eigentliche, die wirkliche Schule: Tuchfühlung zu bekommen mit der Macht des Tötens, Granaten zu schleppen, zu zielen, Sperrfeuer zu legen und darauf zu warten, bis sich ein Flugzeug verirrt in unseren Schussbahnen wie ein Reh, das lange zögert und dann doch auf die Lichtung vor dem Hochsitz tritt? Ist der Tod mein Lehrer? Sein Experiment ist gelungen: Nimm einen Künstler, der auch Vater ist. Bringe ihn auf Sichtweite. Lass ihn verenden. Ein guter Schüler wird die Lektion lernen: Kunst ist nicht ewig. Das Leben ist chancenlos. Verschwende nicht noch so etwas wie Liebe daran.

Dann pocht Vater mit den Fäusten an die verschlossene Tür: Hör nicht auf den Tod. Suche dir gute Lehrer. Manches habe ich dich auch gelehrt, oder? Das Papier in meiner Hand zittert. Vielleicht ist es der Stadtwind. Sie haben meine Reife geprüft. Es muss irgendwie genügt haben. Da steht es:

Mit den Künsten aufgewachsen und der Malerei verschworen, bei gutem Kern sich selbst gegenüber wahr, wenngleich im Wesen noch etwas bestimmbar, zeigte Wolf-Dieter namentlich für ästhetische Dinge ein feines Verständnis und nahm auch sonst angeregt am Unterricht teil, doch befähigte ihn seine Veranlagung augenscheinlich mehr dazu, Geistiges gefühlsmäßig zu erfassen und Erlebtes anschaulich wiederzugeben, als sich in wissenschaftliche Zusammenhänge streng und folgerichtig einzuarbeiten, so daß er zuletzt trotz eifrigen Bemühens die Lücken seiner Kenntnisse noch nicht voll zu schließen vermochte. – Ein liebenswürdiger Mensch von angenehmen Umgangsformen wurde Wolf-Dieter durch persönliche Erfahrungen früh zu einer herben Empfindung des Lebens gestimmt, die ihm die Sorge für die Seinen zur Pflicht machte.

Im Walzertakt

Eins, zwei, drei. Eins, zwei, drei. „Mach weiter so, Bruder, nicht aus dem Takt kommen." „Ihr müsst mir versprechen, euch rechtzeitig zu melden, wenn es euch schlecht wird. Nicht dass ihr mir noch mein heiligs Blechle vollspuckt." „Schon klar, aber wann kommt denn endlich der dumme See? Ich will wenigstens mit den Füßen baden." „Das wäre uns allen sehr recht, Schwesterherz. Vielleicht riecht es dann auch besser." „Ruhe auf den billigen Plätzen!" Für einen Augenblick drehe ich mich um. Dann hat wieder die Bundesstraße von Stuttgart nach Lindau meine volle Aufmerksamkeit. Neben mir sitzt Mutter. Hinten die Zwillinge und Falk. Alles, was jetzt unsere Familie ist. Wir haben etwas zu feiern. Ein erstes Auto. Türkis und blau. Ein Opel. Mein Professor an der Akademie bezieht seine Meisterschüler richtig in Aufträge ein. Wir sind nicht nur die Wasserträger, sondern entwerfen und führen aus. Er teilt die Honorare.

Mutter hat sich nicht lange sträuben können, als ich anfing, ihr monatlich etwas zu geben. Sie kennt das schon aus der ersten Zeit ohne Vater. Damals konnten wir selbst im Schwarzwald kaum überleben. Wie oft ist sie mit Falk zum Hamstern aufgebrochen. Dann kam ein Schreiben. Die Lebensversicherung von Walter Herbert Kohler wird ausbezahlt. Ein Verrechnungsscheck liegt bei. Der Betrag ist stattlich. In Reichsmark wird er gutgeschrieben. Einige Wochen später macht die Inflation daraus ein Taschengeld. Damals fing ein Ehepaar an, ihr monatlich etwas zu geben. Unternehmer in Stuttgart. Mit einem Wagen aus ihrem Betrieb konnte ich Vaters Sarg aus der Hauptstadt herausbringen. Er hatte sich so gewünscht, in Schwarzwalderde begraben zu sein. Für einen gnädigen Moment schien die detailversessene Bürokratie der Diktatur zu schwächeln. Wir bekamen den Toten frei.

Als Tänzerin konnte Mutter von ihrem Verdienst leben. Als meine Mutter Courage braucht sie die Demut, Geld anzunehmen. Auch meines. Aber ich habe ihr nicht alles gegeben. Immer, wenn es ging, legte ich ein paar Scheine beiseite. Jetzt fahren wir im Walzertakt gen Süden. Mehr als einmal halten wir in einem Waldstück, weil wir vor lauter Lachen eine Freilufttoilette brauchen.

Ufer

Eine einzelne hohe Welle pflügt den Fluss. Dann fällt ein Schatten auf das Blau. So nahe am Hafen werden die Containerriesen langsam. Die Elbe ist breit genug für sie. Schlepper assistieren die Einfahrt. Das wird nie aufhören, mich zu faszinieren: der Mensch und das Wasser, Boote, Schiffe… Seit einigen Jahren gibt es kaum mehr Aufgaben und Aufträge aus der Sphäre der Kirche. Wie oft bin ich am späten Vormittag zum Briefkasten gegangen, um dort wieder nur Werbung und ab und an eine Trauerpost zu finden. Du wirst älter. Das Verhältnis von Arbeit und Struktur bleibt dasselbe: Nur wenn eine Anfrage kommt, kannst du entwerfen, verhandeln, malen. Ansonsten gibt es eben monatelang keinen Kontoauszug mit einem Plus vor einer Zahl.

Vielleicht hat mich eine Illusion zu lange mit falscher Milch genährt, als bestehe gerade zur Kirche eine andere Art von Beziehung als die rein geschäftliche. Weit über zweihundert kirchliche Räume habe ich gestaltet. Viele von ihnen werden mich überstehen. Aber es gibt kein Patronat für die Dürrezeiten und den Titel „Mutter“ will ich wirklich nur für Lise verwenden. So beginne ich den Unterricht an einer Berufsschule.

Ich fahre ein, zwei Mal im Jahr nach Hamburg und male dort Porträts. Kinder sind darunter und Greise, Superreiche und solche, die lange auf dieses ungewöhnliche Geschehen gespart haben. Sie sitzen vor mir in einem Hotelzimmer, sind verlegen oder vergnügt, plaudern oder schweigen, sind pünktlich oder verschlafen. Jeder von ihnen hat sein Geheimnis, jede ihre Schönheit, und ich kämpfe dagegen an, dass die Bilder etwas von meiner eigenen Erschöpfung an sich tragen. Dazu hilft mir, was schon als Kind mein Element war: das Wasser. Jede freie Stunde laufe ich am Elbufer entlang, fahre hinaus zu der Willkommensstelle, wo die nahenden Schiffe über Lautsprecher begrüßt werden.

Ich weiß nicht, woher das kommt. Ohne Wasser könnte ich nicht auf dieser Erde leben. Als sie mich damals von der Schule holten, war mein einziger Trost, dass manche nicht zur Flak mussten, sondern als Marinehelfer eingesetzt wurden. Jahrelang hatte ich nur den einen Berufswunsch, Arzt auf einem Schiff zu werden. Wenn ich mir heute die Aquarelle anschaue, die ich in den ersten Monaten an der Akademie gemalt habe: Auf sehr vielen von ihnen gliedert ein Fluss die Landschaft, schafft ein See die reizvolle Bühne für den Anstieg von Ufern. Wie oft bin ich nachts in Mitteltal aus dem Dorf gelaufen, die Nähe des frischen Grabes nicht mehr aushaltend, und habe mich erst am Plätschern eines Bachs wieder beruhigen können.

Der liebe Gott scheint Überraschungen zu lieben. Dafür bin ich ihm unendlich dankbar. Vor einigen Jahren fragte mich ein Bekannter, ob ich Lust hätte zu einem Segeltörn. Es ging nicht um einen sommerlichen Trip auf einem sonnenbeglänzten See, um dann abends nobel zu speisen. Die Wochen auf nördlichen Meeren sind eine Herausforderung.

Das Wasser macht es uns nicht leicht. Selbst auf dem kleinen Boot geht es nur mit wechselnden Hierarchien: Einer hat für acht Stunden das Sagen, wir anderen mühen uns um Segel und Kurs. Mit einem Auto bist du immer Kapitän und Bootsmann zugleich. Es gibt keine Auszeiten beim Lenken, wenn nicht gerade ein Stau alles so herunterdimmt, dass die Knie reichen, um das Lenkrad zu fixieren. Eine Fahrbahn, zwei, in den Metropolen auch drei oder vier, aber das ist es dann auch. Auf dem Wasser fehlen markierte Ränder und Mittelstriche, wenn es nicht gerade durch die engen Kanäle einer alten Stadt geht. Es wirkt entspannter, braucht aber ebenso viel Konzentration. Untiefen, unsichtbare Felsvorsprünge, Strömungen, plötzliche Schneisen für Seitenwinde …

Die alten Sagen wissen davon, sich nicht ablenken zu lassen: Odysseus darf nicht auf die Sirenen hören, Handelsfahrer dürfen sich nicht auf die blonde Schönheit auf dem Gipfel der Loreley vergucken, sonst zerschellt ein Boot schneller als gedacht. Diese Gleichzeitigkeit auf dem Wasser fasziniert mich: Viel mehr als an Land spüre ich, dass wir Menschen eigentlich Getragene sind, die nicht alles selber machen und können und müssen. Zugleich sind wir ganz gefordert, einen Kurs zu halten und die Gefährdungen richtig einzuschätzen.

Manchmal kommt mir meine Ehe vor wie eine lange Expedition auf einem schlanken Schiff. Am Anfang war ich nur erstaunt, dann wie elektrisiert. Qualm waberte um die Tanzenden. Die Fete war im vollen Gang, als ich sie sah. Anders als andere, scheu und offen zugleich. Einmalig. Ingeborg stieg ein, obwohl ich ihr keine Luxusjacht anbieten konnte. Die beiden Ufer sind das Gepräge unserer Herkunft und das war kein Spaziergang. Sie aus noblem Haus. Ihr Vater ist fleißig und erfolgreich, klug und großzügig. Die Frau an seiner Seite spielt die ihr zugedachte Rolle gut, vor dem Spiegel ihrer Ankleide allmorgendlich wischt sie die Tränen ab, die Ostpreußen gelten, der Heimat, in der sie sich auskannte und atmen konnte. Man hat es gut und macht es sich schön. Ein junger Maler, Kriegskind, nicht Kriegsheld, arm wie eine Kirchenmaus und furchtbar schweigsam, ist nicht gerade die ideale Partie.

Als ich um ihre Hand anhalte, im Garten des elterlichen Anwesens das Jawort höre, schnappe ich mir voller Glück meine Braut und werfe sie im vollen Ornat in das Schwimmbad. Sie prustet, lacht, ein Konventioneller kann sie nicht glücklich machen. An meinem Ufer wehen kirchliche Fahnen. Doch das sieht nur von Weitem einheitlich aus. Näher dran unterscheiden sie sich. Da ist das Offene, Weite, immer hungrig auf Bildung und Wissen. Da ist das Kauzige, manchmal Genialische, das Dichter wie Mörike und Hesse aus der Presse des evangelischen Pfarrhauses entkommen lässt. Da sind aber auch die engen Karos eines heiligmäßigen Alltags. Überall lauern Fettnäpfchen, unversehens geht etwas zu schnell, zu weit, zu frei. Könnten wir uns nicht in die Augen sehen, uns küssen und erzählen, wir kämen nicht heil an diesen Ufern vorbei. Sie und ich zittern manchmal vor den Gegensätzen, den Kontrasten, dem fast Unvereinbaren: hier die Fabrikschlote, da die Kirchtürme, hier prickelnder Sekt, dort selbst gekelterter Most, hier das Opernabonnement und dort das Hauskonzert.

Jeder von uns beiden hat seine Hornhaut und die offene Flanke. Noch heute spüre ich, wie sie in dieser einmalig schönen Stunde immer starrer wurde. Die Kirche war festlich geschmückt. Unsere Trauung hatte sich harmonisch angelassen. Ingeborg wirkte glücklich und entspannt. Doch da waren sie wieder, die ernsthaften, die ernsten Sätze von der Kanzel, gut formuliert und gut gemeint. Wer es spüren konnte, rang trotzdem um Luft.

Mit Gott zu leben konnte ein Fest ganz offensichtlich nicht sein, es brauchte Sorgfalt und Engagement, und die Ehe schien kein Freibrief zum unbeschwerten Dasein. Ich bin so früh mit diesem Geist geimpft, dass meine Abstoßung eine kaum merkliche ist. Sie aber kennt das so nicht. Ein Tischgebet, die Familienbibel, das ist ihr vertraut. Jedes Jahr wiederholt sich das Spiel: Es läutet. Die Schwiegereltern machen den Weihnachtsbesuch. Den mit Geschenken vollen Waschkorb ihres Vaters dagegen sieht sie klaglos. So ist er halt, hat ein großes Herz und offene Hände. Die Kinder freuen sich und manche der Spielsachen hätten wir ihnen bestimmt nicht kaufen können. Für mich ist Weihnachten anders besetzt.

Meine Eltern schauten sich ein wenig traurig an, wenn sie uns vieren ein Geschenk überreichten, hoffend, dass es passt, gefällt, beglückt. Ich versuche, mit dem von mir verdienten Geld die drei Heranwachsenden zu unterstützen. Ganz, ganz selten reicht es zu etwas Großem wie die Reise mit dem Postschiff an die Eisgrenze nach dem bestandenen Abitur meiner einzigen Tochter. Der Schwiegervater hat immer noch einen Umschlag, ein Goldstück, eine stille Reserve.

Man kann nicht immer nur weitersegeln. Auch nicht als Paar. Wir gehen an Land. Manchmal trennen sich dann die Wege und finden erst zur Abfahrt wieder zusammen. Ab und an geschieht aber auch etwas Merkwürdiges. Die von der anderen Uferseite haben es irgendwie geschafft und übergesetzt. Ein Feuer brennt. Grill und ein Fass und Musik und Lachen. Feste der Familie, wir mischen uns. Aus dem Beäugen wird ein gemeinsames Feiern, aus dem Räuspern ein Reden. Das reicht dann auch, um an anderen Tagen gemeinsam hinter einem Sarg herzugehen.

Die Uhr an meinem Handgelenk ist edel. Ein Sprüchesammler bin ich nicht. Ab und zu habe ich den Kindern gesagt: „Wir sind zu arm, um billig zu kaufen.“ Einige Jahre des Sparens und dann das kleine Kunstwerk aus Rädchen und Schrauben. Es sagt mir, dass ich wegmuss vom Wasser, zurück zur Leinwand, die vierte Sitzung mit einem fast Achtzigjährigen aus der Hamburger Oberschicht. Wir machen uns Bilder voneinander. Das Original aber kennt nur die Liebe.

Wo aber Gefahr ist

Kann man eine Stadt lieben? Ich weiß es nicht. Manchmal kann sie bewirken, was sonst nur Menschen gelingt: In ihren Gassen verlaufen sich die Sorgen. Auf ihren Plätzen weitet sich der angstbesetzte Horizont. Der Geruch mancher Marktstände weckt eine Lust, die lange abgestorben war. Muss man sie wieder verlassen, hat sich etwas verändert. Das Vertrauen kehrt zurück, dass wir noch nicht von allen guten Geistern verlassen sind. Es gibt Orte, die wohltun, nicht trotz, sondern mit den Menschen, die dort leben. Das sind Spuren von Liebe, egal, wie ich es nenne.

Tübingen ist eine solche Stadt. Auf Hängen gebaut, entwickelte sich dort ein kurioses Netz von Straßen, Gassen, Stiegen … Ich mag das einfach, sich zu überlegen, wie es nach der nächsten Biegung weitergeht, hinaufzusteigen und von Anhöhen herunterzusehen. Der Neckar hat genau die richtige Breite: kein Bach, den man mit genügend Anlauf überspringen könnte, aber auch nicht der majestätische Rhein mit seinen Fahrrinnen für wuchtige Frachter. Vieles hier ist eng, nur die Gedanken nicht. In winzigen Zimmern schliefen auf einfachen Holzbetten Genies, die alles neu gedacht haben. Hier lehrte Melanchthon, hier bestückte Hegel den Setzkasten seines Denkens, dort fand Mörike die Schattenrisse seiner Poesie … Es gibt zu den Seiten hin kaum Platz.

Vielleicht steigen Gedanken hier deshalb in so etwas wie eine verdichtete Höhe. Für mich ist es eine glückliche

Fügung, mit vielen verschiedenen Seilen an dieses Städtle gebunden zu sein. Hier lernte mein Großvater beim Schlittschuhlaufen seine Frau kennen. Er studierte Theologie und war nicht schlecht bei der Sache. Den künftigen Schwiegereltern aber genügte das nicht. Genügte er nicht. Irgendwie scheint es bei uns in der Familie zu liegen, dass man sich freikämpfen muss, bevor etwas Neues, etwas Eigenes entstehen kann. Nach dem Krieg kam irgendwann der Auftrag für die Stiftskirche. Die gotischen Kirchen mit ihren langen Listen berühmter Prediger machen mich immer beklommen. So war es auch beim Münster von Ulm. Aber ich habe ja das Handwerkszeug nicht gelernt, um dann zu kneifen.

Ich mag meine Tübinger Fenster. Bestimmt sind sie manchen Gelehrten zu nah an der Bibel. Es fällt mir einfach schwer, Übertragungen und Aktualisierungen ins Glas zu bannen und zu wissen, diese Fenster können Jahrhunderte überstehen. Lieber macht sich jeder, der kommt und sieht, seinen Reim auf die alten Geschichten. Das sehen nicht alle so. Wahrscheinlich gerate ich deshalb von Jahr zu Jahr mehr in ein Abseits, aus dem ich mich nicht herauswinden kann. In Tübingen lebten viele, die nicht viel hatten, „arme Schlucker", wie man sie hier nennt, warum nicht dazugehören … Unsere Kinder schaffen es vielleicht, mehr Sicherheit zu gewinnen. Auch wenn das nicht alles ist. Alle studieren hier in dieser kleinen Stadt. Manchmal lasse ich mir gar nicht anmerken, wie schön für mich jede Einladung zu einem ihrer Geburtstage oder einem Examensfest ist.

So auch heute. Die Familie bummelt noch. Die Chance nutze ich und schlendre durch die Platanenallee. Nahe der Altstadt findet sich zwischen zwei Brücken eine kleine Insel, lang gezogen und mit uralten Bäumen bestanden. Die Augen wandern ans Ufer und finden den Turm. Seinen Turm.

In Hölderlins Kopf standen die Türen offen. Wir Normalen halten manche Räume fest abgeschlossen. Hinter der Tür lauert das Ungewisse, das Ungereimte, das Ungewöhnliche, das Unverständliche, das Unübliche, das Unabsehbare. Der Dichter kannte diesen Raum schon lange. Irgendwann blieb er darin. Die anderen Türen standen offen. Er konnte für Momente zurück, aber sein Zuhause wurde der Raum des Offenen. Deshalb gaben sie ihm ein geschütztes Daheim, das Zimmer im Turm, nahe am Ufer, randständig zu den Bürgersleuten und doch noch aufsuchbar. Irgendwann war es genug. Da trugen sie ihn auf den Stadtfriedhof. Oft bin ich an seinem Grab gestanden. Wir Maler sind stolz auf Schiller, den Landsmann, der noch in Weimar auf dem Schreibtisch seinen Apfel hatte, wie in Marbach, wo alles begann. Ein richtiger Patron aber kann für uns nur Hölderlin sein. Er hat die Grenzen des Gegenständlichen aufgelöst und die vertrauten Zuordnungen von Farbe und Form untergraben, wie man sich unter dem Zaun eines Gefangenenlagers hindurchwühlt. Vaters Mut, ein Expressionist zu werden, vielleicht gründet er auch hier, nahe am Turm, wo alles verrückt wurde.

Der Turm, das Grab, ich denke an den Anfang eines langen Gedichts. „Patmos“ ist sein Titel und mir ist diese Insel lieb, soll doch das letzte Buch der Bibel dort geschrieben worden sein. Aus kaum einem anderen bekommt mein Schaffen mehr Inspirationen, auch wenn sich kaum ein Zeitgenosse für die Apokalypse interessiert. Was Hölderlin da schreibt, ist für mich mehr als Dichtkunst. Er behauptet etwas, doch löst es sich auch ein?

Nah ist
und schwer zu fassen der Gott.
Wo aber Gefahr ist, wächst
Das Rettende auch.

Gefahr ist ein Schatten von Kindheit auf. Pass auf, wenn du auf den Stämmen balancierst, sie können alle ins Rutschen kommen. Vater hat recht, aber die Verlockung ist groß. Auf Lichtungen liegen die Stämme der frisch geschlagenen Tannen. Gestapelt geben sie einander Stabilität. Ein Kinderfuß findet genug Halt. Es macht einen Heidenspaß. Sollte es sich ein Baum aber anders überlegen und in seinem vermeintlichen Bett rucken, rutschen wie beim Mikado alle anderen nach. Ein eingeklemmtes, zerquetschtes Bein ist dann noch glimpflich. Manchmal ist von dem Menschen nichts mehr zu sehen, begraben unter den Stämmen, weil er die Gefahr unterschätzte.

Die ersten Fliegerangriffe auf unsere Stadt waren für uns Kinder vor allem verwirrend. Alle Regeln schienen außer Kraft gesetzt. Manchmal durften wir im Keller länger aufbleiben und spielen. Dann kam der unvergessliche Tag. Bomben trafen das ganze Viertel. Alle Fenster unserer Wohnung barsten. Überall loderten Feuer. Eine meiner Schwestern hat noch Jahre nach dem Krieg panische Angst vor offenem Feuer gehabt. Ich war damals im Dazwischen, Kind nicht mehr und auch kein Mann. Von irgendwoher schossen aus einem Teppich Schreie auf. Ein Mensch schien verzweifelt und in hoher Gefahr.

Die Stimme kannte ich aus dem Alltagsleben. Nur schreien hatte ich sie noch nie gehört. Ich ging ihr nach, ging auf sie zu. Er war eine Art Hauswart. Jetzt wimmerte er wieder. Warum steht er nicht auf? Die Flammen fressen sich in einer Schneise auf ihn zu. Es ist höchste Zeit, hier wegzukommen. Er bleibt liegen und winselt wie ein Hund. Also krieche ich noch näher zu ihm. Mein Taschentuch drücke ich gegen Nase und Mund. Vielleicht atme ich damit weniger Qualm ein. Dann bin ich so nahe, dass er mich hört. Kommen Sie, wir müssen weg von dem Brand. Sind es Tränen in seinen Augen, weil er traurig ist, oder wringt die Hitze ihn aus? Nichts passiert. Jetzt bin ich neben ihm. Irgendetwas stimmt nicht. Manchmal sehen wir nur langsam. Er, der kräftige, oft markige Mann, liegt im Dreck, weil ihm ein Bein weggerissen wurde. Ein hellroter Stumpf wackelt und vibriert. Das andere Bein ist verkrümmt wie ein

Ast, den man bricht, damit er in den Ofen passt. Wir können nicht miteinander sprechen.

Ich erinnere mich an den Schwimmunterricht. Wenn ein Mitschüler im Wasser ohnmächtig wird, soll man ihm von hinten unter die Arme greifen, vor der Brust die Hände verschränken und ihn dann so ziehen, dass der eigene Körper wie eine Bahre wirkt. Wäre hier nur Wasser! Stattdessen Flammen, Ruß, heiße Asche. „Wo aber Gefahr ist, wächst/ Das Rettende auch." Flieger sind nicht mehr zu hören. Wir bringen Meter um Meter zwischen das Feuer und uns, den Mann und den Nachbarsjungen.

Dann falle ich um. Hände greifen nach dem Versehrten. Die anderen aus dem Haus spüren, dass sie der Gefahr dieser Stunde entkommen sind. Jetzt können sie helfen.

Was stimmt nicht mit dir, Friedrich? Hast du nicht gesehen, wie ohnmächtig die Natur sein kann? Das Rettende wächst nicht schnell genug. Ich mag deine Verse wie einen südlich gereiften Wein und spucke ihn doch aus. Du warst nicht dabei, als die Gefahr alles wurde. Vater und ich hatten geredet wie noch nie. Es war, als kopple er von dem langen Zug seiner Erfahrung besonders wichtige Waggons ab und kupple sie an meine noch so junge Lok.

Der Ernst war haltlos. Das hat mich geehrt. Ich habe ihn so sehr geliebt in diesen wenigen Stunden. Er war ganz bei mir und wusste, wie weit fort er bald musste. Dann tat er etwas, wie nur er es konnte. Urplötzlich drehte er die Stimmung, als sei er ein Tänzer, der nur auf einem Absatz eine volle Wendung hinbekommt. Wir haben das als Kinder immer wieder erlebt, wenn die Eltern in der Küche standen und über Geldsorgen sprachen oder wenn es bei einem Familienfest zu feierlich wurde. Vater klappte durch einen Witz, einen lustigen Vorschlag eine Rutsche auf und wir landeten wieder auf der Erde.

An diesem Nachmittag hat er die Seele wieder an den Körper angebunden. Hast du auch so einen Kohldampf? Gibt es hier vielleicht irgendwo eine Wirtschaft? Die gibt es. Wir kehren zusammen ein. Fleischkäse. Kartoffelsalat. Kleine Portionen. Es ist Krieg. Aber so lecker. Ich sehe ihn beten, bevor er das Besteck anfasst. Die Sirenen warten nicht, bis wir satt sind. Lauf nur, Bub. Er kommt nach, geht in den Unterstand. Es ist der schwerste Angriff auf unsere Stadt. Wir überstehen ihn. Die Angst dieser Minuten verliert niemand von uns jemals. Ich kann sie nicht malen, weil ich sie nicht begreife. Man kann sich nicht so verhalten, wie es die Gefahr verlangt. Wegzulaufen ist sinnlos.

Sich tot zu stellen, wie es gejagte Tiere manchmal tun, in der Hoffnung, damit als Beute uninteressant zu werden, macht auf Bomben keinen Eindruck. Es ist, als werde der Kopf direkt neben eine sehr heiße Herdplatte gepresst. Daneben ein großer Topf mit kochendem Wasser. Den Deckel hat der starke Dampf längst abgeschüttelt. Jeden Moment wird das Wasser überlaufen und alles versengen. Dann richten wir uns auf, rütteln das Gedröhn aus den Ohren, klopfen den Staub ab. Die Zeit für Gespräche ist vorüber. Jeder bewegt sich, wie ihn der Krieg gelehrt hat. Vater lächelt einmal zu mir herüber, das weiß ich noch. Die zweite Angriffswelle überrascht uns und sie tötet ihn. Seine letzten Minuten, ich habe sie ausgebreitet, wieder und wieder, als wäre jede Sekunde ein Partikel, das man hier- oder dorthin schieben kann. Die Gefahr war unermesslich. Das Rettende kam nicht nach. Hätte ich ihn schützen können, mich opfern, ein Schutzschild über ihn halten? Kannst du der Nacht sagen, es soll noch einmal für eine Sekunde hell werden?

Es wird nicht alles gut. Ich hätte meinem Vater gern das Fenster für die Tübinger Stiftskirche überlassen. Ich würde gern mit ihm auf einem schaukelnden Stocherkahn den Neckar befahren. Dann lehnen wir uns über die Brüstung einer alten Brücke und schauen den sachten Wellen nach. Das Rettende, wo wächst es?

Sonne des Südens

Auf diesen Ausflug habe ich mich schon lange gefreut. Zweihundert Kilometer rauschen im Fahrtwind an uns vorbei. Der Parkplatz bietet am Rand Schatten durch das Geäst alter Bäume. Wir sind schon fast am Museum, da kehre ich um und gehe zurück. Mit der Hand prüfe ich die vier Türgriffe und den Kofferraum. Eine Marotte ist das, ein Spleen, ich weiß, aber die Erinnerung lässt sich nicht aushebeln.

Wie leicht werden wir beraubt. Sich zu vergewissern, alles für die Sicherheit getan zu haben, kann ich nicht lassen.

Eine breite Treppe führt hinauf zur Kunsthalle. Weit geöffnete Türen erwarten uns. Ein Einbeiniger sitzt am Durchlass zum ersten Saal. Seine Zange kneift eine Raute in die Eintrittskarten. Dann ist da nur noch Süden. Sonne flirrt. Licht tanzt auf Leinwänden. Als die erkennbaren Landschaften kubistischen Türmungen weichen, haben sie dieses Leuchten in sich aufgenommen. Picasso erlaubt sich keine Oasen im Niemandsland. Hier der Tod, schwarz und hermetisch, da das Leben, ins Helle gehoben. Auf dieser Bühne spielen seine Geschichten der Liebe. Ist sie stark genug, macht sie den Vernichter für Augenblicke unwichtig. Schwächelt die Ekstase, werden alle Dinge zu bloßen Kulissen. Wir Normalen halten diese Spannung nur ganz kurz aus. Wie viel angenehmer ist ein Dazwischen: Das Ende weit genug entfernt zu wissen, dann kann das Leben notfalls abkühlen wie ein Brot, das nicht mehr im Ofen ist.

Im dritten Raum überrascht mich das Antlitz eines Stiers. Natürlich hat der geniale Maler diese Tiere gesehen und verstanden. Vielleicht fasziniert ihn die Preisgabe der Distanz zu ihnen. Die Arena will Augenhöhe, Fühlung mit dem durchgeschwitzten Verbandstuch, Auslieferung an die Aggression. Ein Knäuel von Erinnerungen wickelt sich ab. Mein Vater hatte einen Freund. Der war etwas Besonderes. Auch an Rang und Namen: Fürst von Urach, verwandt mit den Kaiserhöfen. Der Hochwohlgeborene und der Pfarrerssohn haben viel Gemeinsames: Sie lachen. Sie malen. Sie reisen. Der Fürst übersteht den Krieg. Eines Tages trifft er Picasso und erzählt ihm von seinem Stierkampf. Mein Vater war dabei. Auf der Spanienreise. In der Arena. Wäre alles anders gekommen, vielleicht hätten auch sie geredet, getrunken, gelacht: Pablo und er.

Mit einem Kopf voller Farben und angenehm verwirrt von den aufgelösten Körpern der Skulpturen fahre ich zurück. Ein paar Tage später knie ich vor dem großen Zeichenschrank in meinem Atelier. Da sind Vaters Sachen. Das nicht Verbrannte. Das nicht Geraubte. Gelb wie die Zähne eines alten Rauchers mutet das Papier einer Seite aus der Süddeutschen Zeitung an. Erschienen ist der Artikel 1929. Geschrieben hat ihn ebenjener Albrecht, Fürst von Urach. Noch bevor ich zu lesen beginne, erwachen Erinnerungen an Vaters Erzählen. Sie sind jung und unkonventionell. So ist das kein offizieller Staatsbesuch. Von Genua bis Barcelona fahren sie in der dritten Klasse, freunden sich mit Matrosen an und haben Spaß. Auf der langen Zugfahrt spendieren die Seeleute den Alemanes manchen Happen von ihren Sonderrationen. Sie checken in einem noblen Hotel ein. Walter Kohler und Albrecht Urach. Inkognito durchstreifen sie die Stadt, besuchen Museen, alte Kirchen … Eines Abends aber bekommen sie den Zimmerschlüssel am Empfang nicht ausgehändigt. Stattdessen geht es in eine Suite im ersten Stock. Der Verantwortliche drückt sein Bedauern dafür aus, den Neffen seiner Majestät nicht noch standesgemäßer unterbringen zu können. Albrecht hatte seinem kaiserlichen Onkel in einem Brief von ihrer Reise berichtet. Das Antwortschreiben lässt die Tarnung der beiden auffliegen. Von der großen Stadt reisen sie weiter in die Provinz. Das Dorf Escorial allerdings birgt ja ein sagenhaftes Schloss. Lange braucht es nicht, dann kommen sie in Kontakt mit den Dorfbewohnern.

Ein Züchter zeigt ihnen seine Lieblingskuh. Vater musste so lachen, als er weitererzählte. Wir sind doch Maler, prustete er. Was liegt näher als ein Porträt dieses Tiers? Der stolze Züchter hält das Energiebündel fest. Einer von uns malt. Der andere wird das Bild in Sicherheit bringen, wenn sie losstürmt. Dann ist das Werk vollendet. Überall herrscht Zufriedenheit. Uns zu Ehren soll es einen Stierkampf geben. Albrecht ist nun sensibilisiert und fragt in Madrid nach. Das Königshaus wittert einen Zuwachs an Popularität und rät, unbedingt einzuwilligen. Ein junger Mann erscheint auf der Bildfläche. Er wird zum Lehrer in der Kunst des Stierkampfs. Vater setzt als Banderillero zwei geschmückte Lanzen. Der Stier erwischt ihn am Arm. Halb so schlimm. Albrecht als Matador ist dann der Vollstrecker. Die Menschen klatschen, jubeln, toben.

Es fällt leicht, diese Szenen vor mir zu sehen. Vater konnte man mögen, ohne in etwas verstrickt zu werden. Er war da, groß, schmal, lustig und ernst, sprudelnd und schweigsam, aufmerksam und in Gedanken. Ein Mensch ohne Intrigen, ohne Taktik, ohne List. Ging es ihm gut, sollten andere das mit ihm genießen. Spürte er den Sog der Tiefe, ließ er die anderen los, um allein mit dem Dunkel zu kämpfen.

Wir sind so eitel. Wirkung ist uns wichtiger als Wesen. Manchmal bei Festen sehe ich uns alle auf einer großen Bühne. Die Choreografie sitzt. Sie regelt die Positionierung: nahe heran an die Wichtigen, die Erfolgreichen. Den Geruch der Versager und Selbstvernichter aber gilt es zu meiden. Vater dagegen war einfach. Wo etwas lebendig war, echt, ließ er es hinein wie eine Scheibe Bauernbrot, deren dunkle Kruste im Mund ein wohliges Gegrummel wachruft. Spürte er die Gefahr, die in Gedanken, in Gesten, in Worten wuchert, ließ er seine Maske hart werden. Dann sah man nur eine fast zwei Meter hohe Uniform, die sich bewegte wie auf Stelzen.

Vater hätte es auch mit Picasso gekonnt. Künstler erkennen sich an der Ätzung der Augen durch den Vulkan, in dessen Nähe sie arbeiten. Warum hast du nicht irgendwo am Strand mit ihm im Schatten eines Sonnenschirms aus einer Flasche Rotwein getrunken? Wo ist dein Bild zu meiner Hochzeit? Wann trocknen die Freudentränen über deinen ersten Enkel? Warum schüttelst du nicht den Kopf, wenn ich meine Bilder verkäuflich male? Können wir nicht zusammen an die tschechische Grenze fahren und bei den Glasbläsern von Waldsassen gemeinsam die interessantesten Scheiben kaufen? Nie schmeckst du die Soße zu meinem Braten ab. Deinen Tabak kann ich nicht versuchen. Wir streiten nicht darüber, welches der späten Klavierkonzerte Mozarts nun doch dem Himmel am nächsten ist. Du hältst keine Rede zu meinem Zwanzigsten. Dann werde ich dreißig, auch vierzig. Bist du schon angekommen und ich noch unterwegs?

Eine lange Kette

Du musst sie auf alle Fälle siezen. Sie sind junge Erwachsene, auch wenn sie noch die Schulbank drücken. Irgendwie bin ich aufgeregt. Der Blick in den Spiegel hat etwas von der Verlegenheit des Pennälers vor dem Abschlussball. Mit der Linken zupfe ich das Halstuch noch etwas auf. Eine Klasse erwartet mich in ihrer Doppelstunde Kunst. Sie haben mich eingeladen, weil ich etwas Uraltes mache. Heute. Mit Lust und Leidenschaft. Ich schaffe Glasfenster. Das sind keine Farblandschaften durch das eruptive Ausdrücken ganzer Farbtuben auf einem am Boden liegenden Malgrund, wie Jackson Pollock dies entwickelt hat. Meine Kunst verbindet das Eigene, den Einfall, die Intuition, mit einer komplexen Handwerklichkeit. Zahllose Fehlerquellen warten wie geduldige Fallen auf einen achtlosen Moment. Dann fügt sich nichts mehr zusammen und am Ende passt das Fenster nicht in die Betonwand des Neubaus oder das gotische Maßwerk, für das es entworfen wurde.

Eigentlich bin ich kein Redner. Wo es geht, drücke ich mich um Ansprachen, Erläuterungen und Selbstkommentare. „Bilde Künstler, rede nicht." Entweder die Bilder haben es in sich oder die ganze Wortlawine reißt es auch nicht mehr heraus. Aber hier und heute ist es anders. Die jungen Leute sind so alt, wie wir es waren, als sie uns holten. Vielleicht träumt eine davon, Malerin zu werden. Vielleicht denkt einer in ornamentalen Strukturen. Das Feuer der Kunst glüht und lodert weiterhin. Springt es über, umso besser. Auf dünnen Blättern habe ich mir einiges notiert. Das werde ich ihnen vorlesen. Für die meisten wird es schon nach Augenblicken langweilig und altmodisch klingen. Aber eine, einer …

Ohne meinen Vater wäre ich kein Glasmaler geworden. Er hat erzählt, mich mitgenommen in die Werkstatt und manchmal sogar auf den weiten Weg in die Glashütte, um aus Hunderten von farbigen Scheiben seine auszuwählen. Als er so still und endgültig dalag in der kleinen Schwarzwaldkirche, sah ich Gläser im Abendlicht glühen. Kein Werk macht ihn wieder lebendig. Die Nacht zieht herauf. Die Tannen dunkeln. Nichts ist mehr zu sehen von den gemalten Fenstern. Morgen aber werden sie erwachen: für eine Zeit. Vater war manches, altmodisch war er nicht. Wenn ihn diese Kunst fasziniert hat, die im Mittelalter aufblühte, muss er seinen Grund gehabt haben. Ich werde es herausbekommen, seine Fenster studieren, die Technik lernen und dann Eigenes wagen. Er schläft seinen langen Schlaf. Keinen Entwurf werden wir diskutieren, keinen Riesenauftrag aufteilen zwischen uns. Er hat es vor mir getan. Zwei Glieder sind wir in einer langen Kette. Vielleicht steigt einer der jungen Leute ein. Ich werde ihnen nichts vormachen.

Ihre Einladung hat mich überrascht und dann gefreut. Ich danke Ihnen. Ihr Interesse an bildender Kunst bringt Sie heute in eine Randzone. Manchmal entpuppen sich solche Gegenden als interessant und spannend. Das können Sie nur selber spüren.

Wenn ich heute versuche, Ihnen die Entstehung eines Glasfensters zu erklären, so tue ich es einerseits gerne für Sie, zum anderen aber habe ich auch einiges Herzklopfen dabei, denn meine Gabe liegt ja im Sehen und in der Hand und nicht im Reden. Sollte also einiges durcheinandergehen und nicht mundgerecht formuliert sein, so halten Sie mir dies bitte zugute.

Wenn man als Maler die Aufgabe bekommt, die Fenster eines Chorraumes zu gestalten, so ist das Erste und Wichtigste, den Raum zu sehen und ihn im Blick auf die Chorfenster nach allen Seiten hin zu begehen. Bereits bei diesem ersten Eindruck fallen frühe Entscheidungen: über Lichtführung, Helligkeit, Figurengröße, eventuelle Schwerpunkte und über all das, was man möglichst nicht machen sollte. Dann kommt es zu einem Gespräch mit den Architekten und dem Auftraggeber, und in diesem Dialog zeichnen sich erste Möglichkeiten einer Gestaltung und einer Thematik ab. Nur ganz wage stehen sie im Raum und nun fangen, wenn ich so primitiv sagen darf, die Rädchen zu surren an. Mit der klaren Vorstellung vom Raum im Kopf geht man nach Hause und wünscht und hofft, daß einem etwas einfallen möge.

Nun kommt die Zeit des Lesens, des Nachdenkens, des Auf- und Abgehens oder stundenlangen Sitzens vor den weißen leeren Aufrissen der Fenster. Immer mehr Notizen entstehen von Texten und Bibelstellen. Allmählich schält sich eine Grundthematik für einzelne Fenster heraus und zugleich beginnen die ersten kompositorischen Versuche auf dem Papier. Es ist ein Abtasten, ob eine Idee so oder so überhaupt formal zu lösen ist. Diese Tage und Wochen sind nicht abzusehen, und es ist eine Zeit des Wartens auf den wirklichen Einfall. Es ist nicht ein untätiges Warten, sondern ein ständiges Probieren und Durchzeichnen von verschiedenen Möglichkeiten. Und irgendwann ganz plötzlich sieht man die Fenster vor sich – nur einen winzigen Augenblick – dann ist alles wieder weg. Und nun gilt es, diesen Gedankenblitz nachzuerleben, sich des Momentbildes zu erinnern und es Strich für Strich und mit Farbe als eine Skizze oder einen Entwurf für das Fenster entstehen zu lassen. Ich kann diesen Augenblick eigentlich fast nicht beschreiben, ich weiß nur, daß er sehr beglückend ist, weil endlich der Druck von einem genommen wird und man anfängt, all die Geburtswehen zu vergessen. Der Entwurf ist da.

Die nun folgende Zeit der Verwirklichung und der Ausführung ist ähnlich. Nur daß jetzt eine kleine schmale Leitlinie da ist und es gilt, nun den Einfall im großen maßgerechten Maßstab zu verwirklichen.

Jeder Glasmalerei in einem Kirchenfenster liegt ein Entwurf im Maßstab 1:10 zugrunde. Dieser Entwurf zeigt eine farbliche Gestaltung und die figürliche Komposition auf. Nach Auftragserteilung wird das Fenster nach dem Entwurf mit einem Kohlestift im Maßstab 1:1 gezeichnet. Man nennt diese Zeichnung „Karton". Von diesem Karton wird ein „Bleiriß" für die einzelnen Felder des Fensters abgenommen. Da die Gläser in sich farbig sind, müssen sie durch eine Bleilinie voneinander getrennt werden. Diese sogenannte „Bleirute" wird durch den Bleiriß vorgezeichnet. Der Bleiriß wird auf Schablonenpapier aufgepaust und dieses mit der doppelschneidigen Schablonenschere auseinandergeschnitten. Die Schablonen für die einzelnen Felder liegen nun als geordnetes Puzzle auf dem Tisch. Es beginnt die Farbenauswahl zwischen den verschiedenfarbigen mundgeblasenen Antikgläsern. Jede Schablone wird auf eine ca. vierzig auf neunzig Zentimeter große Glastafel im gewünschten Farbton aufgelegt. An der Schablone entlang werden die Gläser mit einem Diamanten geschnitten. Die ausgeschnittenen Gläser werden wieder zu einem geordneten Puzzle zusammengelegt und so mit Wachstropfen auf einer Hellglasscheibe befestigt. Damit läßt sich das Feld ins Tageslicht stellen, und die Malerei kann beginnen. Die Farbe des Glasmalers nennt man „Schwarzlot", sie ist, wie der Name schon sagt, schwarz. Mit ihr werden Köpfe, Hände, Gewandfalten usw.

mit dem Pinsel auf das farbige Glas aufgemalt. Teilweise wird auch durch einen Überzug schattiert. Nach der Bemalung werden die Gläser von der Hellglasscheibe wieder abgenommen und kommen, auf Stahlplatten gelegt, in den Brennofen. Bei einer Temperatur von etwas über sechshundert Grad Celsius wird die Schwarzlotfarbe in die Gläser eingebrannt. Nach sorgfältiger Abkühlung werden die gebrannten Gläser wieder zu Feldern geordnet. Nun wird „verbleit": Stück für Stück wird durch die biegsamen, nach zwei Seiten geöffneten Bleiruten verbunden. Wenn das Feld verbleit ist, werden die Nahtstellen (Bleibunde) verlötet. Die fertigen Felder werden auf der Rückseite mit flüssigem Kitt eingerieben, um sie nach außen luft- und wasserdicht zu machen. Anschließend werden die Felder noch einmal sorgfältig durchgesehen und geprüft und können dann an Ort und Stelle eingesetzt werden.

Es ist dies auch eine Zeit intensiven Durchzeichnens. In diesen Wochen und Monaten kommen einem Erfahrung und handwerkliches Können zu Hilfe. Die Anspannungen und Aufregungen sind hier noch mehr als genug. Nun arbeitet man in der Werkstatt im Team. Endlich kommt der Augenblick des Einsetzens der Scheiben an Ort und Stelle. Schiergar zerreißt einen die Spannung, und man selbst ist so verwundbar wie das nackte Bild, das man nun aussetzt beziehungsweise einsetzt. Jedes gute Wort ist Balsam auf der Seele, denn man ist am Ende seiner Kräfte. Das sind Sie jetzt vielleicht auch. Oder Sie sind neugierig geworden.

Wolf-Dieter Kohler
Ischia
70 cm x 50 cm · Öl auf Leinwand

Gezeigt bei der Jahresausstellung des
Württembergischen Kunstvereins Stuttgart

Wolf-Dieter Kohler
Ostermorgen
Glasmalerei

Der Künstler verlegt die österliche Anrede des Boten ins Freie. Damit wird die aufgehende Sonne zum Sinnbild des Lebens. *„Und als der Sabbat vergangen war, kauften Maria von Magdala und Maria, die Mutter des Jakobus, und Salome wohlriechende Öle, um hinzugehen und ihn zu salben. Und sie kamen zum Grab am ersten Tag der Woche, sehr früh, als die Sonne aufging. Und sie sprachen untereinander: Wer wälzt uns den Stein von des Grabes Tür? Und sie sahen hin und wurden gewahr, dass der Stein weggewälzt war; denn er war sehr groß. Und sie gingen hinein in das Grab und sahen einen Jüngling zur rechten Hand sitzen, der hatte ein langes weißes Gewand an, und sie entsetzten sich. Er aber sprach zu ihnen: Entsetzt euch nicht! Ihr sucht Jesus von Nazareth, den Gekreuzigten. Er ist auferstanden, er ist nicht hier. Siehe da die Stätte, wo sie ihn hinlegten.“*
Markus Evangelium, Kapitel 16, Verse 1–6

Fotografie: Achim Feld

Im Sog

Die Bäume formen eine immer wieder gebogene Linie – da muss ein Bach sein. Ein Blick auf die Uhr, ja das geht, ich biege ab, parke, steige aus. Das Gras wird höher, dann beginnt die Schattenzone der Uferbäume. Das Wasser staut vor großen Steinen etwas zurück und überspringt sie dann. Unzählbare Jahre, in denen sich diese Bahn formte, Erde und Fels bezwungen nachgaben. An einem Stamm, ganz nah am Wasser, stütze ich mich ab. Das Wasser murmelt und funkelt. Ich bin ein Bäumling. Im Schwarzwald bin ich nicht nur daheim, dort verzweigen sich die Wurzeln. Immer waren die Tannen das Maß. Das Wasser aber mein Leben. Eins zu werden mit den Wellen. Mit der Brandung zu ringen wie Jakob. Das Tragende ernst zu nehmen. Wege am Bachlauf gibt es hier nicht. Die Bäume haben sich gesichert. Nichts ist bedrohlich in diesen Augenblicken. Die Heimfahrt strengt nicht mehr groß an. Irgendwie fühle ich mich erfrischt, als hätte ich in dem Bach gebadet.

In meinem Atelier erwartet mich auf dem Arbeitstisch ein großes Kuvert. Ein Bekannter hatte geklingelt und es abgegeben. Vielleicht ist er ein Freund, wer weiß das schon, in jedem Fall ein Gelehrter. Er hat eine Karte beigelegt und schreibt: Wenn einer weiß, wovon diese Bilder erzählen, dann … Er wünscht mir getroste Erinnerungen. Der Umschlag muss daran glauben, so gut verklebt ist er. Dann schlägt etwas von innen gegen meine Kniekehlen. Tastend finde ich den Stuhl am Fenster. Ein weites Trümmerfeld starrt mich an, gesäumt von kahlen Hauswänden wie Kulissen. Im Vordergrund ein mehrfach amputierter Baum. Schwarz-Weiß, dazu Graustufen und ein dunkles Schwarz. Brandschwaden versengen meine Nase. Ich rieche ein Gemisch aus schwelendem Holz, glimmendem Hausrat und menschlicher Haut. Alles brennt hier zugleich, löscht aus und entzündet sich wieder. Zurück bleibt das Unbenennbare, Steinstrukturen von Fassaden, helle Farbbögen, eine Altarskulptur ohne Tisch und Dach.

Meine Zunge schmeckt rußig. Kleine Bläschen überziehen die Lippen. Manche Fotografie zeigt riesige Brachen, geschaffen durch den Einsturz der Gebäude, die dort standen. In der Körnung der Aufnahmen wirken die einzelnen Trümmer wie Tang, von einer heftigen Welle auf den Sand geworfen. Das ist Stuttgart und könnte Hunderte von Namen tragen. „Die Zerstörung" ist der Titel des Buchs, und darum allein geht es. Und um mich. Ich sehe den Bach wieder vor mir. Er steigt. Der Bekannte hat ein Geleitwort geschrieben, ich blättere um, ein Himmelsbild. Zwanzig Flugzeuge bilden schwarze Strukturen auf hellem Grund, der Rumpf, angelegte Flügel, das Heck… Dieser Anblick wird mir zu einer Versteinerung, eingepresst, ohne Laut und Bewegung. Sie fliegen nicht aus meinem Bild. Die ziehenden Wolken haben einen unerschöpflichen Vorrat dieser schwarzen Vögel. Es ist, als drehe eine unsichtbare Hand am Regler.

Auf einmal höre ich wieder in die Nacht hinein. Motoren dröhnen. Sirenen jaulen. Einzelne Salven aus Maschinengewehren verstummen nicht. Mein Gehirn setzt die Informationen zusammen und berechnet die Höhe der Angreifer und ihre ungefähre Anzahl. Man hat uns trainiert, solche Formationen zu entschlüsseln wie Monate zuvor einen Satz Homers oder Caesars. Ihr verblüffend gleichförmiger Flug stürzt uns in eine extreme Hektik. Die ganze Stellung agiert jetzt in einer oft geprobten Choreografie. Nur die Neulinge, noch jünger, als wir es waren, kreuzen die Fußwege der Munitionsschlepper. Wir wissen nichts voneinander, die Besatzungen in den Flugzeugen und die Luftwaffenhelfer. Beide zerstören: einander. Die Häuser, die Schlösser, die Kirchen. Das Leben.

Ein unheimlicher Sog greift nach mir wie eine Seitenströmung am offenen Meer, gegen die ich nicht anschwimmen kann. Ich sollte das Buch weglegen, aufstehen, mit beiden Händen kaltes Wasser über dem Waschbecken in mein Gesicht schütten, jemanden suchen, eine lebendige Stimme, eine Hand. Seite um Seite blättere ich um. Urplötzlich überfällt mich ein neues Kapitel. Darin geht es nicht mehr nur um Stein und Holz und Ziegel, sondern um Menschen. Tote werden geborgen. Verkohlte Körper passen in primitive Särge. Knochen bilden die einzigen Relikte eines Brandes. Viele Helfer tragen Handschuhe bis zu den Ellenbogen. Ein junger Mann sucht in den Taschen eines Regungslosen nach irgendetwas: einem Namen, einer Adresse… Hier bewegen sich Hände. Ein Bagger trägt aufgeworfene Schichten von Schutt ab. Findet er Verschüttete? Alles starrt reglos vor sich hin, wie Marionetten, deren Fäden man abschneidet.

Eine Tür im Haus geht. Stimmen. Aus der Küche zieht der vertraute Geruch gebratener Zwiebeln herein. Mich geht das nichts an. Eine grünwandige Rotweinflasche steht leer am Boden. Die zweite fühlt sich schon leicht an. Es wird noch Stunden dauern, bis der Schlaf sich stärker erweist als alles.

Wie immer stehe ich früh auf. Das ist ein lebenslanges Training, geschuldet meinem Werk. Die Bemalung von Gläsern funktioniert nur, solange die Sonne Licht sendet. Wie eine Kraterlandschaft finde ich die Spuren des gestrigen Abends: das Buch. Ein Rotweinglas. Leere Flaschen. Jetzt fühlt es sich anders an. Den Band schiebe ich in ein Bücherregal neben andere Werke des Freundes. Der Rest ist schnell beseitigt. Auf einmal führt mich meine Fantasie wieder an den Bach. Gestern stieg er an, wühlte das Ufer auf und legte Wurzeln bloß. Sein brackiges Wasser versickerte im Wiesengrün. Dann verschwand das Gesehene im Dreck der steigenden Flut. Jahrzehnte ist das her. Aus dem Rinnsal eines Willens zum Überleben wurde ein Bach. Manches Hindernis konnte er abschleifen. Anderen weicht er aus. Man kann dieses mäandernde Leben akzeptabel finden. Manches daran vielleicht sogar schön.

Forellen tummeln sich. Libellen tanzen im Licht. Das Ufergras wird zur wärmenden Decke, um dem immerwährenden

Gemurmel zu lauschen. Die Menschen um mich ahnen die geheime Verbindung zu einem Quellort des Schreckens und der Verzweiflung nicht. Die Jahre des Krieges sind darin abgeschmolzen. Das Wasser ist eiskalt wie der Tod. Meistens schläft dieses Gewässer. Dann kannst du ihm nahen. Urplötzlich schreckt es auf. Er hat seine eigene Zeit. Sturzbäche der Angst schütten sich in das geruhsame Geplänkel des Alltags. Ich bin wieder der Junge mit den Ohren voller Propellergedröhn. Rauch verätzt meine Augen. Mit nackten, blutigen Händen grabe ich nach meinem Vater.

Wie man Rosen schneidet

Er ist schon viel früher gestorben. Dreizehn bin ich, als sein Marschbefehl kommt. Danach habe ich einen Vater in Uniform. Er kommt heim, aber nur zu Besuch. Er spricht mit mir, aber immer unter dem Druck der Uhr. Das Mädchen, für das ich schwärme, hat er nie gesehen. Ich musste nichts heimlich tun, er hat es ja nicht mitbekommen. Meinen Kindern soll ich die Liebe erklären, aber ich kann das nicht. Die Jahre, in denen ich jung war, sehen aus wie ein Acker, der angezündet wurde. Rauch über schwarzen Krumen. Kein Grün. Nirgends. Vor der Bombe hat meinen Vater sein eigenes Land getötet. Der Mann im Kreiswehrersatzamt, der den Stempel auf den Stellungsbescheid hieb, der Briefträger, der ihn zustellte, der Ausbilder, der Uniformschneider, der

Kasernenkoch. Durch die Straßen gehe ich und sehe Mörder. Manchmal tanzen Gespenster um uns. Sie täuschen uns. Wieder und wieder.

Heimat ist nur, wo geliebt wird. Wir waren im Wahn, wehrhaft gegenüber allem, was die Geschwüre aufschneiden und entfernen könnte. Man kann Ärzte einsperren oder auf sie schießen. Vater hat es getroffen.

Ich weiß es einfach nicht, wie es geht, ein naher Vater zu sein. Es springt nichts an in mir. Meine Kinder sollen sich auf mich verlassen können. Wenn sie mich suchen, bin ich da. Für sie. Ihre Briefe bekommen Antwort. Einladungen schlage ich nicht aus. Als wäre das schon alles. In mir ist so viel Ferne. Ich weiß, sie können mich nicht spüren unter unserem gemeinsamen Dach. Das Eis meines Schweigens entstand, als ich Vater viele Kilometer entfernt und in Gefahr wusste. Etwas in mir ist damals gestorben.

Trotzdem kommen sie zu uns nach Hause, die Freundinnen und Freunde der Kinder. Enkel des Krieges und doch aufgewachsen ohne Nächte im Luftschutzkeller. Sie lassen sich meine Bilder zeigen. Fragen mich, wie man Rosen schneidet. Wünschen sich, ich solle einmal wieder für sie kochen. Trotzdem kann ich mit den ganz Nahen über Krisen sprechen – und manchmal trösten. Es ist mir bis heute ein Mysterium, wie der radikal zurückgeschnittene Baum wieder austreibt. Etwas davon geschieht mit mir.

Wir sind eine Generation mit gemordeten Vätern. Die meisten von ihnen trafen Kugeln, verschleppte das Meer nach einem Torpedoangriff, erstickten im Feuer der Flammenwerfer, traten auf Minen, fielen vom Himmel wie Steine. Vater könnte noch leben, wäre die weiße Fahne spätestens nach Stalingrad am Eingang der Städte und auf dem Reichstag gehisst worden. Wir haben verteidigt und uns dabei immer weiter selbst zerstört. Es gibt keinen Ort mehr des Vergegenwärtigens, den ich mit anderen teilen kann. In der Osternacht wecken wir die Kinder und fahren zu dem Berg am Rand der Stadt, aufgeschüttet aus lauter Trümmern. Ganz oben ist nichts eingeebnet oder stilisiert. Steine, Fensterkreuze, ganze Zwischendecken ragen bizarr auf. Eine Kraterlandschaft ist entstanden mit spitzen Gipfeln und Schluchten, in die man abstürzen kann. Jeder findet irgendwo seinen Platz. Das Licht einer Kerze erwacht. Posaunen spielen einen alten Choral. Das will ich mit ihnen teilen: Licht auf den Trümmern.

Meine Gedanken lösen sich nicht auf. Der Zorn ist groß. Doch da ist auch die Nähe meines Vaters. Ich glaube, er starb doch nicht schon 1941. Er war weg und irgendwie war er da. Bei den Schneeballschlachten haben wir so gelacht, dass die offenen Münder beliebte Ziele waren. Das Bündel seiner Feldpostbriefe auf hauchdünnem Papier hüte ich wie einen Schatz. Er hat mich besucht in diesen Sätzen, er hat mich gesucht. Mich nicht häufiger sehen zu können, er hat darüber geweint und trug doch Bild um Bild von mir in sich: das blutende Knie, der scheue Kuss, die Kohlezeichnung vom Neckar mit Lastkähnen. Vor unserem letzten Weihnachten waren wir beide in Berlin, konnten uns treffen, er schenkte mir ein winziges Neues Testament. Vorne hat er hineingeschrieben: *Das Reich Gottes steht nicht in Worten, sondern in Kraft. Dein Vater.*

Sie haben ihn ausgezogen und in eine Uniform gepresst. Sie haben ihn in Dreck und Angst erstarren lassen. Sie zwangen ihn, Menschen wie er selbst zu schaden. Sie haben ihn damit beschämt, großes Unrecht zu sehen. Sie haben ihn mir weggenommen. Dann kommt ein Brief. Dann kommt er selbst. Dann habe ich für Stunden einen Vater.

Feuer der Liebe

Das ist dann das Ende. Mein Ende. Der Pinsel findet die Bahn nicht mehr. Es gilt, den letzten Strich aufzunehmen und weiterzuführen. Wo endet er? Dabei sind es nur Augenblicke, die Borsten vom Glas abzuheben und neu mit Schwarzlotfarbe zu tränken. Marias langes Haar, der ausgestreckte Finger eines Jüngers, Schraffuren in den Gewitterwolken über dem See Genezareth, meine Glasmalerei, die ich suche und nicht mehr finde. Statt einer Linie sehe ich zwei. Doppelbilder entstehen in meinem Kopf. Die Augen entdecken irgendwie noch das Gesuchte, aber das Abbild trügt. Unter meiner Schädeldecke driften Eisschollen. Jeder

Satz wird zum Kraftakt. Wortkarg zu sein ist mein Ruf. Jetzt bin ich ein Schweigender aus Furcht zu lallen oder Unsinniges laut werden zu lassen. Nahe Menschen stellen mich zur Rede. Mehr als anstarren kann ich sie nicht wie ein Kind, das sprachlos aus einem Angsttraum erwacht. Wer lange mit Bäumen lebt, spürt, wenn eine Veränderung an die Tür pocht. Ich werde sterben.

Schaffe ich es noch an den Saum eines Meeres? Nichts habe ich mehr geliebt als sandigen Strand, Gischtkronen hoher Wellen, Brandung als Urgewalt. Dort werde ich auf die Ebbe warten und losschwimmen. Bald sind die Strandhütten nur noch Bauklötze. Der Sog ist stark. Möwen kreisen über mir. Die frühere Kraft ist verbraucht. Dann lasse ich alles los. Ein Zurück an das sichere Ufer kann es nicht mehr geben. Niemand bewacht zu dieser späten Stunde die Strände.

Die Pinsel sind ausgewaschen. Die Mitarbeiter der Glaswerkstatt wissen darum, dass ich manchmal früher gehe. Niemandem ist etwas aufgefallen. Irgendwie finde ich zurück. Die gemeinsamen Räume sind verwaist. Alle sind ausgeflogen, verreist, irgendwo engagiert. In meinem Jahreskalender kann ich die Telefonnummer des Freundes mit einiger Mühe lesen. Wir wechseln nicht viele Worte. Morgen werde ich dort sein. Es ist eigentümlich. Für diese Klinik habe ich Glasfenster gestaltet. Wenige Jahre sind vergangen seitdem. Oft habe ich verstohlen die Patienten dort beobachtet, konnte ihre Angst riechen und ihre Verzweiflung an der Choreografie der Schritte ablesen. Jetzt reihe ich mich ein in ihre Schar. Es geht nicht mehr darum, geheilt zu werden. Ich weiß, wie sich der Tod anfühlt. Sie sollen es aufklären, gleichsam objektivieren. Niemand soll sagen können, ich hätte einfach nicht mehr gewollt.

Als ein Angezählter gehe ich in diese Klinik und höre dort die Glocke vom Rand des Rings. Der Schiedsrichter bricht den Kampf ab. Ich bin ausgeknockt, habe verloren und bekomme keine Verlängerung. Todgeweiht tragen mich meine Füße nicht mehr. Auf einer Trage schieben sie mich in den Krankenwagen. Die Nacht davor geisterte ich auf dem Gang der Station und im Treppenhaus herum. Die Schatten nahten zwischen den Tannen des finsteren Waldes. Ein Wehen und Wabern war um mich.

Mit zwölf habe ich in „Heimatlos" davon erzählt, als der älteste Sohn tot in den Schnee gelegt wird. Nach dem Krieg versuchte ich wieder und wieder das Geisternde zu malen, um Köpfe zweier Verliebter wogend, Wege verhüllend. Es ist das Unbegreifliche am Wirklichen, das Undeutbare. Nach und nach hat es sich gelegt, als ich mich nicht mehr retten konnte vor Aufträgen. So viele Bauwerke waren von Bomben zerfasert und litten als Brache vor sich hin. Die Nachtschwester rief einen Arzt. Sie gaben mir etwas Starkes, Beruhigendes und verzichteten darauf, mich festzubinden. Dann holen sie mich ab. Einfach so. Meine Nächsten. Die Familie. Als könnten sie sich erinnern, dass ich

Krankenhäuser immer gefürchtet habe. Was wollen sie mit mir? Ich komme zum Sterben heim.

Schon einmal hatte ich mit dieser Klinik zu tun. Damals war ich ein geschätzter Künstler. Bei einem Festakt zur Eröffnung der Kapelle soll ich meine Konzeption für das große Fenster erläutern. Ich kam und ging. Zurück blieben meine Farben und Formen. Heute lasse ich Laborwerte und ein MRT zurück. Trotzdem sind beide Zeiten miteinander verbunden. Ich kann mich noch erinnern, wie viel Spaß mir dieser Auftrag machte. Der Raum trug keinen biblischen Namen. Er heißt nach Hildegard von Bingen. Fast eintausend Jahre muss ich zurück, lesend, ihre merkwürdigen Lieder hörend und ihre geheimnisvollen Bilder auf mich wirken lassend. Das Vegetieren von Kranken ist in vielem gleich geblieben. Die Scham auch, entstellt zu sein. Unverändert groß ist die Sehnsucht nach Linderung. Hildegard ist jung und neugierig. Sie saugt das verfügbare Wissen auf und probiert Neues aus. Heilsame Pflanzen pflanzt sie in einer kunstvollen Anordnung im Klostergarten. Wie sind Seele und Körper miteinander verflochten, vernetzt, verwoben, verwachsen? Krankheit versteht sie als Mangel. Die Viriditas fehle, das Grün der Gesunden und des Heils. Ihre Texte schmecken nach Sinn, als ich sie nicht mehr verstehen will. Es ist ein Taumel, ein Traum, aber klar. Zuletzt spürte ich das an der herodianischen Mauer in Jerusalem, bärtige Männer sehend, die eine Schriftrolle im Arm wiegten und tanzten, als gelte es, Hochzeit zu feiern.

In den Traumbildern der mittelalterlichen Frau passt für mich auf einmal zusammen, was ich oft nur aneinandergesetzt habe. Unser Werden ist Teil eines kosmischen Wunders. Die Zerstörung, auch jene, auf die ich jetzt hinlebe, ist eine Station. Das macht nichts einfach harmonisch und leicht. Doch der Weg endet nicht, wo wir enden. Die schöpferische Liebe ist dann noch nicht erschöpft. Ein bisschen verrückt ist meine Darstellung, aber bei einer Mystikerin darf das vielleicht sein.

Ich schwelge in malerischen Erlebnissen meiner weitesten Reisen. Meine Schwestern hat es aus Deutschland katapultiert, dem Land des Kummers, und ich bekomme die Chance, sie wenigstens zu besuchen. In Kalifornien schlafen wir in Reichweite der Bären. In Sambia sehe ich Elefanten, Giraffen, Löwen und sie finden in dieses Bild. Das sind nette Details, Geschmacksachen, Spaß. Wirklich schwer wird es, die Gleichzeitigkeit zu malen. Ganz früh und richtig spät in eine Komposition, sodass die Augen hin und her wandern können, ohne den Bogen zu verlieren. Uns geht oft der Atem aus, unterwegs. In Chartres und anderswo finde ich irgendwo in den raumhohen Glasfenstern ein Feld, das an die Schöpfung erinnert. Den kommenden Himmel wird es auch zu sehen geben, aber ich finde ihn nicht. Die Fäden des Zusammenhalts vergrauen und reißen.

Hildegard schafft es, Nähe zwischen dem Anfang und dem Ziel zu sehen. Damit elektrisiert sie mich. In der Krankenhauskapelle gestalte ich in größtmöglicher Entfernung den Garten Eden und die Stadt ohne Tod und ohne Tränen. Ein hellblauer Fluss verbindet beide. Er entspringt irgendwo außerhalb. Auch seine Mündung bleibt unsichtbar. An seinen Ufern weiden Tiere, sprießen Blumen, fliegen Vögel auf. Wir steigen irgendwann aus dem Wasser der Zeit, leben am Ufer und lassen uns dann auf den sicheren Hafen zutreiben. Es wird nicht geistiger, nicht werthaltiger, je weiter die Schöpfung zurückliegt. Sie ist der erste Satz einer Symphonie. Was wir Fortschritt nennen, sind nur Variationen der Themen, die dort aufklingen.

Der Schlusssatz birgt alle Leitmotive, sie fangen neu an, diese Musik endet nicht. Es fing an, gut fing es an, und so wird es sich vollenden. Etwas abseits lodert ein großes Feuer. Die Glut ist unbeschreiblich stark. Ein nackter Mensch darin, hoch aufgerichtet seine Arme. Die Frau am Rhein sah Jesus in der Feuerlohe. Unsagbarer Schmerz verwandelt ihn in ein sphärisches Blau. Er ist da, ist bereit. Nichts verstehen wir davon, gar nichts. Eine kleine Flamme wird mich versenken und aufzehren. Vielleicht schleppt mich jemand ans Ufer, findet dort einen Schwarzwaldstamm und legt mich darauf.

So werde ich nicht enden. Das wird nichts zwischen dem Tod und mir. Zu viel hat er schon zum Schweigen gebracht all die Jahre, in denen ich eigentlich lebte. Die noch kommende Zeit kürze ich nicht ab. Sie soll denen gehören, die mir nahe sind. Ich weiß nicht, ob das gut geht, aber ich werde mich nicht länger entziehen. Sie haben mich all die Jahre vermisst, auch als ich da war. Jetzt bin ich schon nicht mehr ganz, ein Moribunder, dem Sterben geweiht, aber es atmet noch in mir. Statt mich nochmals davonzumachen, lege ich die Ruder ins Boot und versuche zu schlafen, wohl wissend, dass die Strömung den Kahn zurück in den Hafen treibt. Dort werden sie mich ausladen und betten.

Es ist mein letzter Versuch, mich ihrer Liebe zu überlassen. Geben kann ich nichts mehr. Kein Buch verschlinge ich mehr, um danach zu diskutieren. Keinem Enkel bringe ich bei, wie man ein Tier zeichnet und die perspektivischen Linien des Daches. Auf keinem Fest wird es jemals wieder eine Rede von mir geben. Freunde gehen ohne Trost, ja Rat von mir weg. Gerne würde ich die Zeit dafür einsetzen, Versäumtes nachholen, Verfehltes zurechtrücken, Verpasstes neu verabreden, Vergessenes erinnern.

Als die Bombe auf Vater fiel, saugte sie alle Zeit in sich auf. Meine suchenden, grabenden, schürfenden Hände wussten doch längst, wie es um ihn steht. In mir glimmt noch ein Funken Leben. Etwas an mir ist warm. Der Bart wächst wie von selbst. Ich kann euch nur lieben, indem ich bleibe, bei euch, mit euch. Ein Kind werde ich sein, angewiesen, ausgeliefert, ängstlich. Vielleicht wird euch diese Zeit reichen. Vielleicht wird eure traurige Liebe noch einmal lächeln. Vielleicht könnt ihr spüren, wie gut ihr mir tut. Vielleicht.

Die Brücke

Aber bald sterben auch wir, ... und wir selbst werden noch eine Weile geliebt und vergessen werden. Aber die Liebe ist genug; denn die Liebt fließt zurück in die Kraft, aus der wir geschaffen wurden. Selbst die Erinnerung ist nicht notwendig für die Liebe. Es gibt ein Land der Lebenden und ein Land der Toten, und die Brücke zwischen ihnen ist die Liebe, sie allein überlebt, sie allein ergibt einen Sinn.

Thornton Wilder
Die Brücke von San Luis Rey

Walter Kohler

1. Mai 1903 · Geburt in Schönbronn bei Rottweil.

Studium an der Stuttgarter Kunstakademie. Ein Semester in Berlin: persönliche „Entdeckung“ des Expressionismus. Spanienreise mit dem Fürsten von Urach, Besuch eines Stierkampfs.

Heirat mit der Ausdruckstänzerin „Lise“ Kohler.

Vier Kinder: Wolf-Dieter, Falk, Karin und Ute.

Ab 1926 · Freie Malerei: Landschaften, Porträts, Lithografien, Radierungen.

1928 · Mitbegründer der Reformgruppierung „Neue Stuttgarter Sezession“.

Ab 1930 · Architekturgebundene Werke, u. a. das Fresko der Kirche von Hohenstaufen und die 22 Meter hohen Chorfenster der Moritzkirche in Halle an der Saale.

1941–1945 · Militärdienst. Auszeichnung für eine mehrtägige, lebensgefährliche Schutzfunktion für gefährdete Mitsoldaten. Verwundung. Lazarett, dann für weitere Fronteinsätze vorgesehen. Während eines Lehrgangs in Berlin sieht er noch einmal seine monumentale Deckenmalerei in Zehlendorf.

28. Januar 1945 · Besuch bei seinem Sohn, der in einer mit Gymnasiasten betriebenen Flakstellung in Stuttgart eingesetzt wird. Tod durch eine Bombe in unmittelbarer Nähe des Sohnes.

Mutter und Sohn können eine Beisetzung auf einem großen Stuttgarter Soldatenfriedhof verhindern und ihn in Mitteltal, einem kleinen Schwarzwaldort, beerdigen. Wie er es sich gewünscht hatte.

Druckgrafik. Landschaften. Porträts.
Zwischen 1927 und 1940 Werke in mehr als sechzig öffentlichen Gebäuden, u.a. in:

Backnang, Berlin-Zehlendorf, Biberach, Echterdingen, Esslingen, Göppingen, Halle an der Saale, Heilbronn, Hohenstaufen, Holzgerlingen, Kirchberg, Ludwigsburg, Murrhardt, Obertal, Reutlingen, Schwenningen, Sindelfingen, Stuttgart, Weingarten

Wolf-Dieter Kohler

13. März 1928 · Geburt in Pforzheim als Sohn der Ausdruckstänzerin Lise Kohler geb. Schleppe und des Kunstmalers Walter Kohler.

Besuch des Eberhard-Ludwigs-Gymnasiums Stuttgart.

1943 · Als Schüler Zwangsverpflichtung zur Flugabwehr in Stuttgart.

1945 · Nach der Kapitulation: Rückkehr zum Gymnasium, Abitur (1946).

Ab 1946 · Studium an der Staatlichen Akademie für Bildende Künste Stuttgart. Meisterschüler bei Professor Rudolf Yelin.

1951 · Beginn seiner freiberuflichen Tätigkeit: architekturgebundene Werke und Malerei.

1954 · Er heiratet Ingeborg, geborene Hagelauer.
Drei Kinder: Christian, Oliver, Raili.
1985 · Am 23. Dezember an einer Krebserkrankung zu Hause im Kreis seiner Familie verstorben, wenige Meter von seinem Atelier entfernt.

Porträts, Landschaften, Werke in weit über zweihundert öffentlichen Räumen, u. a. in:
Aach, Alpirsbach, Aschaffenburg, Ellwangen, Freudenstadt, Göppingen, Heidenheim, Heilbronn, Herrenalb, Hörnum auf Sylt, Isny, Itzehoe, Kemnat, Klosterreichenbach, Ludwigsburg, Markgröningen, Maulbronn, Plochingen, Rantum auf Sylt, Reutlingen, Schwäbisch Gmünd, Sindelfingen, Stuttgart (Hospitalkirche, Markuskirche, Stiftskirche, insgesamt ca. 40 Gebäude), Tübingen, Ulm (Münster), Vaihingen an der Enz, Weikersheim, Zell

Walter Kohler mit der geliebten Schäferhündin, um 1907.

Walter Kohler. Selbstbildnis.
Entstanden während seiner Studienjahre.

Walter Kohler. Selbstporträt vor dem Brandenburger Tor, Berlin. Handzeichnung in Form einer Postkarte. Im linken Arm trägt er die Siegerurkunde eines künstlerischen Wettbewerbs.

Walter Kohler. „Gethsemane". Lithografie. Aus einem Zyklus zur Passion.

Walter Kohler bei einer Wandmalerei.

Walter Kohler (rechts) auf Heimaturlaub, mit seinem Sohn Wolf-Dieter.

Walter Kohler mit seinen Geschwistern: Else, Anne, Elfriede und Martin sowie dessen Frau Hildegard. Im Vordergrund die Eltern Anna Kohler, geb. Utz, und Christian Kohler.

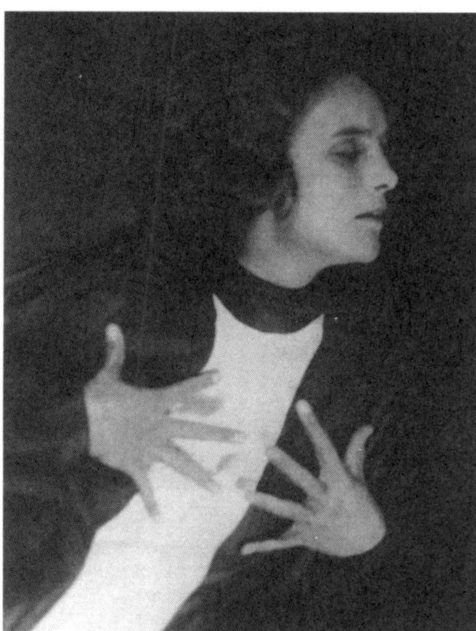

Lise Kohler, geb. Schleppe, als Ausdruckstänzerin.

Wolf-Dieter Kohler bei der Landschaftsmalerei in den ersten Jahren nach Ende des Krieges.

Wolf-Dieter Kohler. „Der aus dem Dunkel Auftauchende".
Zeichnung, ca. 1943.

Wolf-Dieter Kohler bei der Arbeit an den Schablonen für den Glasschnitt eines großen Fensters.

Wolf-Dieter Kohler. „Vater-Vater". Zeichnung und Handschrift.
Ein früher künstlerischer Versuch, den Schrecken des 28. Januar 1945 zu verarbeiten.

Der Titel dieses Buches stammt aus einem Feldpostbrief von Walter Kohler an seine Frau Lise.

Der Bericht auf den ersten Seiten wurde von Elise und Wolf-Dieter Kohler in zeitlicher Nähe zum 28. Januar 1945 geschrieben.

Alle als Zitat gekennzeichneten Texte – Chronik der 12. Kompanie, „Heimatlos", Feldpostbriefe, Abiturzeugnis, Lebenslauf, „Wie entsteht ein Glasfenster" – beruhen auf authentischen Quellen.

Die Verwendung der Bezeichnung „Zigeuner" in einem erzählenden Text von 1940/41 entspricht dem damaligen Sprachgebrauch und ist natürlich nicht verunglimpfend gemeint.

Das ausführlich erwähnte, flächenmäßig größte Werk von Walter Kohler, die Chorfenster der St. Moritz Kirche in Halle an der Saale, haben den Krieg nicht überstanden. Die Beschreibung einzelner Szenen beruht auf wenigen erhaltenen Schwarz-Weiß-Fotografien.

Über den Autor

Oliver Kohler, Dr. phil., ist 1958 in Stuttgart geboren. Studium der Geschichte und Germanistik in Tübingen, Wien und Jerusalem. 1991–1994 Lektor und Verlagsleiter. Seit 1994 freiberuflich tätig als Schriftsteller, Publizist und Herausgeber. U. a. Autor von „Dag Hammarskjöld – Die längste Reise ist die Reise nach innen" (adeo 2015) und Textauswahl für das Buch „Berge" (adeo 2017). Oliver Kohler ist der Sohn von Wolf-Dieter Kohler.

Herzlicher Dank an

Ute Brice geborene Kohler
Ingeborg Kohler
Gertrud Yokoi
Falk Kohler
Chuck Lowrie, dem Ehemann von Karin Kohler
Raili Kohler und Christian Kohler
Elisabeth, Joel, Marcel und Benjamin Kohler

Der Verlag weist ausdrücklich darauf hin, dass im Text enthaltene externe Links vom Verlag nur bis zum Zeitpunkt der Buchveröffentlichung eingesehen werden konnten. Auf spätere Veränderungen hat der Verlag keinerlei Einfluss. Eine Haftung des Verlags ist daher ausgeschlossen.

Mit Dank an die folgenden Verlage für die Abdruckgenehmigungen.

MIX
Papier aus verantwortungsvollen Quellen
FSC® C014496
www.fsc.org

1. Auflage März 2017
Bestell-Nr. 835135
ISBN 978-3-86334-135-0

Gestaltung: Maike Michel
Umschlagfoto: Walter Kohler als Kind © privat
Satz: Uhl + Massopust, Aalen
Druck und Verarbeitung: GGP Media GmbH, Pößneck
Printed in Germany

www.adeo-verlag.de